U0573703

WILLSENSE

教育的可能

The Possibilities of Education

徐加胜——著

漓江出版社

目
录

教育天生是长期主义的

教育是温暖的彼此成全

自序

追 问

这本小书名为《教育的可能》，收录了我近十年来的一些文字。

教书的日子里，见多了教育现场的芸芸众生，学生辛苦，家长焦虑，很多同行也感到疲惫乏力。这些，似乎都在提醒，我们的教育需要做出一些调整和改变，去追求更好的可能。

教育如何才能实现更好的可能呢？教育是一个复杂的系统工程，牵一发而动全身，做出调整和改变不是一件容易的事。教育整体的改变于我这个一线教育者而言是一个过于宏大的话题，但我想，我依然可以为改变贡献一点力量。在我看来，教育走向更加美好的可能有一个重要的前提，那就是我们要建构教育领域的基本共识。基于共识，我们才能实现价值共有，方向明确清晰，行动协调有序。欲想建构基本共识，就必须对教育现状做出反思，提出问题，回答问题，然后是分享和碰撞，最终逐渐达成基本共识。作为一线老师，我可以从自己的角度做出反思并与大家分享，或许这就是我能够为改变而做出的贡献。

从本科开始，我一直学哲学，习惯了追问与思考。我有意识地去梳理我对当前教育的感受和理解，一旦有点成形的观点，就会试着去分享和沟通。然而，在这个过程中，我发现自己并不主流，甚至还有些边缘。

我喜欢追问与思考，但在很多人眼中，这些追问大而无当，根本无法解决现实的问题。我坚信苏格拉底的一句话：未经审视的生活是不值得过的。而他们则以导演伍迪·艾伦的电影《咖啡公社》中的一句台词来回应我：苏格拉底说，未经审视的生活是不值得过的，但是，审视过的生活却不好过。在他们的心中，放弃不必要的追问与思考，与潮流共舞才是更加明智而现实的选择。

我追求教育领域的基本共识，而且坚信基本共识的意义。我尊重每个人的表达权，但我认为自由表达的意义在于独立的思考，在于争鸣与碰撞中逐渐达成的基本共识，而不在于无原则的宣泄与无秩序下的对抗与消耗。在理性与民主的基础上达成的基本共识会是一股巨大的力量。很多人反对我的观点，他们认为，每个人都有自己具体的现实状态，根本没有什么能够解决所有问题的良方妙药。所谓的共识，只是虚无缥缈的安慰剂罢了，看上去很美，听上去似乎也很有道理，但根本于事无补。

全球疫情过后，外部世界更加不确定。面对这样的现实，钱理群先生对自己有几个要求，其中之一是：多观察，少下结论。

一段时间以来，我也借鉴先生的智慧，认真地观察、追问，偶尔有点结论，也总是很审慎地在极小的范围内做些分享。我会避开在更大的世界中表达，因为我发现，目前这个世界中，人与人之间很难建立高强度的信任，大家对于共识带着些许抗拒，个体都喜欢沉浸在自己的逻辑之中，而任何共识的建构似乎都带着洗脑的嫌疑。

然而，最近我的想法有了一些变化。我认为，作为老师，站在教育的现场，我有必要去清晰地表达一些思考与看法，教育需要理论专家的指导，也需要倾听一线实践者的声音。虽然我不认为我的表达一定是对的，也不确信我的表达一定会有意义，但是我的心中有两个声音：

马丁·路德说："这就是我的立场，我只能站在这里。"

陆游说："位卑未敢忘忧国。"

思　考

　　我的想法之所以发生变化，是因为我感到，用追问与思考来建构教育领域的基本共识是一件重要且紧急的事。

　　当下的基础教育领域，充斥着焦虑和内卷。在我看来，原因之一就在于追问与思考的缺失以及随之而来的基本共识的缺位。抓不住基本问题，在基本问题上没有共识，具体教育实践中的混乱就会自然发生。

　　很多人不知道要追逐什么，也不知道如何追逐，便只能盲人瞎马，随波逐流。若中气不足，外部的一点风吹草动都会带来内心极大的不安宁。

　　有的人有目标，但目标值得商榷。目标一旦不科学不理性，那么后续所有的努力付出都会失去意义。

　　有的人有目标，目标也算是合理，但是追逐目标的路径却存在问题，最终形成了或拔苗助长或缘木求鱼或南辕北辙的效果。

　　要缓解基础教育领域的焦虑和内卷，我们就必须保持追问与思考，抓住基本问题，建构基本的共识，并将共识高高悬起，用其中的理性来对抗昏昧，用其中的慈悲来治愈麻木。

　　许多人放弃思考，选择随波逐流，原因在于，坚持理性与独立思考并不是一件容易的事，这需要力量，也需要足够的勇气。独立思考之后往往是独行的道路，远离大拨人群，带着一份对未来的不确定。这条路并不好走，走着走着，就有了犹豫，甚至产生了对自己的怀疑。毕竟，行动的定力需要战略的定力，战略的定力依赖于思维的力量。当定力不足，人就会左右摇摆，一段时间后，回归人群就变成了更加稳妥的选择。如同寒冷的冬季在封闭而挤满了人的房间里，虽然空气中的味道并不理想，但是毕竟温暖。就算是道路错了，结果不满意，好在有很多人陪伴，看看身边同样命运的人，自己的心里也就平衡了许多。

思考其实并不容易被抑制，如帕斯卡尔所云，人是一根会思考的芦苇。即便我们选择了放弃思考去从众，不经意间，我们的脑海还是会出现短暂的清明，会意识到自己的行为逻辑可能存在问题。这个时候，会有两种选择：一种，继续沿着反思的光亮前进，承认错误，调整思维，改变行动，后续的结果也会有所不同；第二种，掩耳盗铃，放弃反思的火花，回到原有的轨道，更加努力，用加倍的勤奋来掩饰战略方面的懒惰与怯懦（其实这就是内卷的重要表现之一），用体力的消耗来为最后结果的不理想甩锅推责。

假若第二种选择成为主流，事情就会变得更加灰暗。因为掩耳盗铃的状态重复久了，我们就会在自我麻醉中完美地骗过自己，我们会认为事情的真相原本就是如此，面前的困境，本来就是无解的，我们已经尽力了，自己并没有错。于是，一切都平静了。其实，真相是，事情只是在我们的思维中变得无解了，而不是在客观现实中无解。当我们没有勇气独立思考的时候，悲剧似乎是注定的。

还有许多人，他们抗拒共识，他们过于坚信自己的经验与逻辑，没有意识到时间的变化与空间的转换。如此一来，守株待兔和刻舟求剑的荒谬就会在现实中上演。他们沉浸在微观领域和具体场景中，不肯承认教育中存在超越具体情形的原则与共识。这样的固执当然不利于具体问题的解决，而解决问题一旦受挫，他们不是反思自己的逻辑，而往往是指责教育的过程并没有完全尊重和落实自己的经验与逻辑，于是问题就会变得更糟，焦虑就会产生、累积、蔓延。在我的经验里，这一类人群当中，高知和成功人士的比例非常高。

面对这样的混乱与困局，倡导独立与理性，进而去建构教育领域的基本共识就尤为重要。我们要摆脱现实中琐碎的牵绊与干扰，回到基础教育领域最基本的问题，这样我们就可以直指本质，去思考、回答，去分享、碰撞，而基本共识也就是在这样的过程中逐渐被建构出来。一旦基本共识确立，很多微观的困惑也就迎刃而解，不足为惧了。如同孟子所云："先立乎其大者，则其小者弗能夺也。"在一线工作久了，有一种强烈的感觉，教育更好的可能并不见得来自多少神秘的奇思妙想，而是来自对教育本质的回归，对基本问题的思考与回答。返璞归真，方是正道。

在我看来，基础教育领域最基本的问题就是：教育应该追逐什么？如何实现我们的追逐？对这两个问题的回答，就是对教育本质的确定。如果我们在这两个问题上达成了基本共识，我们的教育就会焕发出新的可能。

改　变

我的想法发生改变的第二个原因是，我意识到，我可以为教育领域基本共识的建构提供一点小小的支持。

我喜欢追问与反思，更重要的是，我的人生经历使我接触到了一个比较丰富的教育现场，我能够试着去理解教育现场中不同的群体。所以，我具备共情和建构共识的现实基础。

我在山东农村接受基础教育，通过高考进入北师大读书，大学毕业后不久进入北京四中教书，做过年级组长，也做过教研组长，后来被学校派到北京四中璞瑈学校工作，历任中学部主任和执行校长。在四中工作14年后，我离开四中，在民办的海嘉国际双语学校工作了几年，现在又回到北京四中国际校区担任执行校长。这些多元的经历带给我丰富的生命感受。

在山东，作为学生，我体验过巨大的升学压力，但到现在我依然感恩高考制度的存在，它给了我一个改变自己命运的机会。

在北京四中，作为老师，我看到了自己心目中优秀教育的范本，也听到过诸多对于四中理念的质疑，很多人认为，四中的理念是和特定生源相匹配的，不具备普适性。

在北京四中璞瑅学校，我遇见了一群和四中本部的学生同样可爱，但是综合素养却差距较大的孩子。这给了我一个实验的机会，五年的时间，我初步验证了一件事，那就是北京四中的教育理念是超越生源特点的。也就是在那时，我开始意识到：或许，在教育领域可以有一个科学而理性的共识存在。

在海嘉国际双语学校，作为民办教育中的职业经理人，压力与成就感同在。但我最感兴趣的，还是我有机会验证我所认可的教育原则在更多元的学生群体中是否适用，如果适用，那么距离建构教育领域的共识就又近了一步。

在北京四中国际校区，在海嘉国际双语学校，我看到了很多中国家庭对于子女教育的另外一种选择，他们选择到国外读大学。我陪伴他们，了解这条升学之路的逻辑，也关注他们的心路历程与教育结果。同时我依然在验证一件事：我基于之前的教育经历所建构的基本共识在这个新的领域和赛道是否依然适用。

作为一名普通的教育者，我就这样一路走来。

起初，很多变化都会带给我巨大的冲击，因为我是被动地接受着命运的安排。这些带有强烈反差的转换让我有些分裂，在思考问题的时候，我常常会体验到左右互搏的感觉，心中那些多元的感受会发生冲突。比如，在大学里，作为高考大省山东的考生，我质疑北京的教育，只是因为我觉得不公平，全国统一卷，录取分数线却有那么大的差别。在我进入北京四中工作后，我又开始觉得四中的教育好。我隐约有一种叛变的不适感，我开始去思考，北京四中的教育到底好在什么地方，否则我无法面对自己立场的转换。

面对这样的冲突与矛盾，为了追求逻辑的自洽，我需要进一步地追问与思考。慢慢地，我开始从一个更高的维度去思考教育，很多原本想不通的事情就开始变得明朗起来。用时下比较流行的话语来说，格局打开了，很多纠结也就不再存在了。

比如，我意识到一个简单的事实：高考是一个选拔人才的制度，而不是培养人才的制度。如同钱穆先生在《中国历代政治得失》中提到的："考试只能选拔人才，却未能培养人才。"所以，同样的科举制，唐宋两朝选拔的人才质量就有很大差异。对于差异背后的原因，钱穆先生这样论述道："唐代门第势力正盛，在那时推行考试，应考的还是有许多是门第子弟。门第子弟在家庭中有家教熏染，并亦早懂得许多政治掌故。一旦从政，比较有办法。如是积渐到晚唐，大门第逐步堕落，应考的多数是寒窗苦读的穷书生。他们除却留心应考的科目，专心在文选诗赋或是经籍记诵外，国家并未对他们有所谓教育。门第家训也没有了，政治传统更是茫然无知。于是'进士轻薄'，成为晚唐一句流行语。因循而至宋代，除却吕家、韩家少数几个家庭外，门第传统全消失了。农村子弟，白屋书生，偏远的考童骤然中式，进入仕途，对实际政治不免生疏扞格。至于私人学养，也一切谈不上。"

如此看来，高考更大的意义在于提供了一条社会阶层流动的通道，这保障了基本的公平。而培养人才的重任还是要依赖于学校教育。所以学校教育必然是要面向未来，坚持长期主义的。当学校只为考试而教的时候，教育的目标就会短视而功利，这不利于真正人才的培养。如此，教育也就无法为国家民族未来的发展提供强有力的人才支撑。从这个维度看，北京四中的教育是值得称赞的，尽管学校也重视考试成绩，但整体上四中的教育依然坚持尊重人性，尊重规律，追求学生的全面发展，走长期主义发展之路。其实，这也就是我内心认可北京四中教育的原因。

然而，我们似乎也无法指责古今那些为了提升社会地位而死读书的书生（包括曾经的我），嫌他们底蕴不厚，格局太低。毕竟，"仓廪实而知礼节，衣食足而知荣辱"，生存总是第一位的。如果高考可以改变命运，那么对高考分数的执着就具有极大的合理性。

当我开始从更高的维度来思考教育，一方面我看到了冲突与对立，但另外一方面，我也看到了调和甚至是统一的可能。比如说，我能够理解我在山东所接受的学校教育，也接受它存在的合理性。但同时我在想，它是否具有被改良的可能，即便是在强应试的背景下，这样的教育能否体现出一点长期主义的色彩，哪怕只是一点点。

于是，我有了一点小小的野心，那就是我可以做一些改良的工作，在两种看似完全不同的教育之间做一些调和。我们似乎可以将考试成绩作为短期目标，将长远的发展作为长期目标；将学业成绩作为一个维度的指标，将全面的发展作为整体目标。在短期与长期之间，在部分与整体之间达成一个平衡，彼此支撑，彼此协调，而不是彼此冲突。

接下来，我的职业生涯又出现了很多变化。不过，这些变化不再是被动的，而是我主动发起的。我开始尝试做一些管理方面的工作，因为这样，我有机会从微观与局部开始，去做一点教育改良或者说是教育调和的实验。

在后续的变化中，我接触了多种教育场域：在北京四中璞瑅学校，我接触到了综合素养不同的生源；在民办学校，我体会了自负盈亏的艰难，感受到了坚持理想与迎合现实的纠结；在双语学校，我感受不同升学路径的样态；在北京、天津和贵阳，我看到了同样在全面发展与学业成绩之间纠结的家长。

尽管这些教育场域差别巨大，但是这也给了我一个超越差异去思考共性的机会。我忽略掉具体差异，直指教育的基本问题，尝试着将自己思考后的答案落实在具体的教育过程中，然后去观察去验证。在十几年的探索过程中，我觉得我的一些思考可能是对的，因为它们在微观领域里被部分地印证了。我们的一些做法得到了很多家长朋友的认可，也得到了一些同行的支持。

在这个过程中，有三点感受很强烈。

第一，我发现，很多家长朋友一边批判着某种教育模式一边将孩子投放到这种模式之中。这看上去很不可思议，但其实也有内在原因。没有家长不想让孩子接受真正符合规律的教育，没有家长不渴望身心健康与学业成绩的两全，甚至是以身心健康为第一位。但问题是，这样理想的教育是否存在，存在了又是否能够有足够的战略定力，独立而不改。

这给我的启发在于，或许我们不要过于灰心，只要勇敢地探索，走一步是一步，当我们真的成为心中理想的样子，或许就会得到很多人的认可与支持。你若盛开，清风自来。我们要如胡适先生所云："明知道真理无穷，进一寸有一寸的欢喜。"

第二，君子求诸己。伏尔泰说："让你疲惫的不是远方的高山，而是你鞋子里的沙子。"我们一线教育者首先要去拷问自己的内心，去勇敢地追逐趋近理想的教育。我们要打破思维的惯性，我们需要关注眼前教育生态的具体问题，但同时不能够被眼前的具体问题局限，要能够高一处立身，提升维度和格局，去关注教育的共性问题与基本问题。比如说，国内升学轨道和国际升学轨道的教育者在一起讨论升学路径中的实际操作问题，那肯定是各说各话，没有什么交流的意义。但是如果我们讨论学生学习的内驱力问题，就有很多话题可以交流，也会因为交流而彼此受益。原因很简单，后者指向的是教育中具有共性的问题。所以说，我们只有超越微观而具体的场景，去思考并讨论基本问题，然后才能对于基本问题有一些回答，有一些共识。带着这些回答与共识回归具体场景，进行具体的教育实践，我们教育的方向才能够更加清晰，不会被细枝末节所纠缠，同时又不会过于书呆子气，眼高手低。所谓开天眼，接地气，就是这个意思。

不过就"开天眼，接地气"这一要求来说，在基础教育领域的教育工作者中，"开天眼"的偏少，这与我们的现实有关。基础教育领域的一线教师更多的是完成上级主管部门布置的工作，接受上级部门的考核与评价，自主权甚少，埋头做事也就是硬道理了，抬头看路的事主要还是由教育行政管理部门来完成。然而问题在于，教育最终还是要靠一线教师去落地操作，所以无论如何，一线教育者还是要基于自己的身份归属自主地提升自己，从而推动教育的发展。

第三，不论是追逐短期目标还是追逐长期目标，若想成功，路径其实是一致的，那就是要尊重教育规律，回归教育的本质。但教育的具体规律到底有哪些呢？我想，部分答案就隐藏在我们对教育领域基本问题的追问与思考中。

我认为用追问和思考去建构教育领域的基本共识是有价值的，这样的建构可以对抗昏昧，治愈麻木。而且，基于我的人生经历，我可以为建构基本共识提供一点思想资源，供大家批判选择。

共　识

接下来分享我对于教育领域基本问题的思考。

教育应该追逐什么？如何实现我们的追逐？

这些问题触及了教育的本质。这样的探究，是基于对现实的深刻理解所产生的对理想教育的浪漫探索，探索之后的结论悬挂于教育的天空之上，引领着世间的教育实践，慢慢地，教育就会有更多的可能。这样的探索应该是群体性的，我们都在仰望星空，有一天，我们当中的某些人也会成为星空中或大或小的星辰，发着或耀眼或微弱的光芒。我的思考与探索只是众多探索中的一个小小的尝试，但是假若能够引发大家的思考与共鸣，幸莫大焉。

于微观家庭而言，教育要追逐的就是孩子能够独立而有尊严地行走于未来的世界。教育是为分离所做的准备。因为自然规律，我们都会慢慢老去直至离开这个世界，有很长的一段路，我们无力陪同，孩子们需要自己走。我们希望他们能够行走得稳健而有尊严，教育就是为这一愿望的实现所做的准备工作。我们要通过教育使孩子能够应对未来的挑战，追求人生的幸福。

于人类整体而言，教育是人类主动发起的精神层面的遗传与进化，目的在于人类整体更好地延续。自身的延续是所有物种存在的最重要、最基本的目的。延续的本质是在更长时间中对更大空间的适应，生物通过遗传和变异延续下来，并不停进化，更好地适应周围不停变化的环境，从而生生不息。蒲公英的小伞，苍耳的刺，背后都是小生命对延续的大渴望。

人类离不开生物的底色，人类生存的终极目的依然是活下去，活得好。对于"活下去"，人类有更多层面的解释，包括肉体层面的延续，也有精神层面的内涵；而对于"活得好"，我们也有更加多元或者说更加凸显人性高贵的标准。

于一般动物而言，它们有技能的传递，但谈不上教育，因为那更多是在模仿中唤醒本能，是一种被动的过程。而于人类而言，我们的遗传与进化在适应自然的同时也增添了更多的主动选择。文字是人类文明发展中的重要里程碑，有了文字，我们便有了记录与历史，人类便有机会了解一个更大的时空并在其中反思自己的存在状态。人类具有了主动选择和把握方向的可能，这也是人类被称为"万物之灵"的原因，是人类能够站在食物链最高端的凭借。在这个主动选择的过程中，人类提升的不仅仅是自己的力量，也包括自己的高贵。

当确定了教育要追逐的根本意义，我的思考就拥有了一个稳定的前提和基点，就可以去思考教育的具体过程：在过程中，应该具体追逐什么，才能实现教育的终极意义；应该通过怎样的教育行为去实现我们的追逐。几个最需要关注的问题就自然而然地呈现了出来：

我们需要尊重孩子的独立人格

没有独立的人格，教育就失去了基本的意义。毕竟，教育是为代际分离所做的准备，未来，孩子要一个人走。独立人格是孩子立足于世间的基本前提。教育是一场演习，对于演习，我们追求的不是表象的完美，而是演习过程中孩子实战能力的提升，师长参与过多的成功并无多大意义。而对于孩子而言，没有独立人格就意味着软弱与茫然，甚至意味着未曾真正活过，他们会有一种无力感，也会有一种虚无幻灭的感觉，这会让人心生沮丧。

再者，我们在追求孩子能力成长的时候也必须着眼于独立人格，这是一份理性。每个孩子都是独一无二的生命个体，都有着独特的天赋，培养技术能力也要注意因材施教，而不能千篇一律，用同样的目标和标准来要求天赋各异的孩子们。爱因斯坦曾说过这样的话，每个人都是天才。但如果你用爬树能力来断定一条鱼有多少才干，它整个人生都会相信自己愚蠢不堪。我们的教育应该去达成鱼跃鸢飞的活泼泼的气象与格局，而不是万马齐喑的压抑与黯淡。

古人云，生一人当有一人之业。我们不必过分紧张孩子在未来竞争中的成败，人类社会是一个"各致其能以相生"的社会，每一个人都会有自己的位置。我们也不必担心孩子的天赋未来是否会被时代重视，因为我们也担心不了，谁都希望能够拥有优渥的待遇，过上更富足的生活，但是这是一件"求之有道，得之有命"的事。古人又云，活一日当有一日之勤。韩愈在《圬者王承福传》中也借泥瓦匠王承福之口说道："食焉而怠其事，必有天殃。"超越孩子具体天赋的生命态度才是真正值得我们去关注的共性问题，才是我们要着力干预的教育目标。流自己的汗，吃自己的饭，这是一种莫大的尊严，这份尊严会让我们心安。这份尊严和心安是我们要去追逐的，因为这是一件"求则得之，舍则失之"的事。

教育天生就是长期主义的

教育是长线投资，是为孩子的一生奠基，是为分离做准备。我们必须意识到，孩子未来会离开我们走很远的路。在这样的前提下，对于教育结果的追求和评价必然是多维度的，因为我们赋予孩子的能力必须要支持他们未来全面而持久的发展。

孔子的学生子夏即将做官，请教孔子如何处理政事，孔子的回答是："无欲速，无见小利。欲速则不达，见小利则大事不成。"为政与教育有异曲同工之妙，一个教育者和一个管理者都应该拥有大的时空观，不局限于一时一地的得失，要看得宽，看得远。据说子夏有"近小"之病，所以孔子以此教之。我想，对于很多有"近小"之病的教育者而言，孔子的教诲也是需要牢记在心的。教育追求的是一个生命长久的幸福与尊严，故而我们的追求也必然应该是多元而长期的，而不能是短视而功利的。

我们需要关注孩子的身心健康。没有身心健康，生命就失去了发展的基础。

我们需要培养孩子乐群的品质。没有乐群的品质，个体在群体中就不会被认可，举步维艰。一个人一生成就如何，取决于个人能力，更取决于周围人的认可程度。再者，假若个体缺少乐群的品质，群体就会因为凝聚力的缺乏而分崩离析，最终就是整体的毁灭。如《人类简史》中所提及的：人类发展的历史其实就是创造凝聚手段的历史。

我们需要关注孩子的求知欲和上进心。内在的驱动力才会推动生命持续地成长和提升。

我们需要关注孩子良好的思维品质与行为习惯。思维与习惯的重要性在于它们可以在更长的时间维度上迁移到更多的领域，从而带给一个人更大更深远的影响。

......

教育的过程中，高质量关系是核心

教育起于关系。人类对自己的下一代都有着与生俱来的浓烈的情感牵绊，子女是我们存在的重要意义之一，这是大自然的先天规定，而非我们的自由选择。子女的健康成长是父母的责任，更是父母幸福的源泉。

教育的结果最终要回到关系。科学也好，人文也罢，其实都是在引领孩子去处理多种关系，从人世间的各种伦理关系，到人与自然的关系、人与历史文明的关系以及人与自我的关系等。只有具备了处理这些关系的能力，我们的下一代才能够从容面对诸多挑战，真正拥有幸福与尊严。

更重要的是，在教育的过程中，关系同样是核心，是教育中各种关系的质量最终决定了教育的质量：

我们如何处理亲子关系和师生关系决定了孩子是否具有独立人格。

我们如何引领孩子处理好与同伴的关系、与自然的关系，与历史及文明的关系，这决定了学生是否具有生命的温度，是否具有大的生命格局，是否具有担当和乐群的品质，是否具有求知欲和上进心。

我们如何处理孩子具体知识的获得与习惯养成以及思维提升的关系，这决定了孩子是否具有那些可迁移的关键素养，是否能够拥有持续前进的力量。

综上所述，面对基础教育领域的基本问题，我提供的回答有三个关键词：独立人格、长期主义、高质量关系。这三个关键词也构成了这本小书的三个篇章的核心词。

分　享

本书收录的文字是我一路走来持续思考的结果。

书的创作逻辑是从具体到一般的归纳，而不是从一般到具体的演绎。大多数作品的创作逻辑都是后者，有了明确的思想，再去找具体的案例来验证和支撑。而这本书则不同，起初的文字都是相对孤立的，都是针对某些具体教育实践细节的反思，但是文章写得多了，忽然发现，这些零碎的思考结论似乎都聚焦指向了几个模糊但真实存在的核心问题。教书久了，思考愈发深入，这些模糊的核心问题越来越清晰，而几个核心问题之间最终也构成了一个相对完整的思维框架，成为我对教育领域基本问题的一个回应。

跳脱出来看，这确实符合基础教育一线教师的思维逻辑，是一种原生态的思考，质朴而真实。现在把文字整理出来，也算是一个一线教师探索教育规律，追寻存在意义的见证，也可以为身在教育现场的家长和同行提供一点小小的参考。

《论语》开篇，夫子有云："学而时习之，不亦说乎？有朋自远方来，不亦乐乎？人不知而不愠，不亦君子乎？"这话简易寻常而又深刻广博。

所谓"学而时习之"，就是将所学所认同的知识和价值观投入实践，使之内化为自己的生命气质，同时也给周遭带来美好的变化，这是一件令人喜悦的事。在教育的过程中，我在先哲和同行前辈的引领下去体悟教育，有点心得便将其投入实践，在这个过程中，我获得了极大的愉悦。因为我很确认，作为一名老师，作为一个读书人，我在努力地追求智慧与慈悲。这样一份自我认同让我心生欢喜，然而这份欢喜大多数时候都会隐藏在自己内心深处，不足为外人道，只是在夜深人静独处的时候，会转化为自己微微上扬的嘴角而已。

同时，我也会和一些同行与家长朋友来分享我的思考，虽然如我前面所云，我并不主流，但是依然会有一些朋友和我有强烈的共鸣。分享中，他们给予我很多认可与尊重，当然也提供了许多有益的建议与补充，在这个过程中，我获得了一种"吾道不孤"的幸福感。遇到了志同道合的朋友，畅谈阔论，再加上几杯小酒助兴，真可谓"不亦乐乎"！

当然，在一些时候，我也会心生挫败感。很多想法得不到认同，自己感到乏力，甚至还有点委屈，隐约间还会生起一点退却的心思。如同贾岛的诗云："两句三年得，一吟双泪流。知音如不赏，归卧故山秋。"但好在，每次我都会选择平复自己的情绪，回归对理性思考的坚持，和更多的同道一起继续思考讨论，当然，也包括力所能及的调整与改良。日子久了，心也更静了，曾经的委屈与退却就显得有点好笑了。更何况，夫子还说过："人不知而不愠，不亦君子乎？""君子求诸己"，自己立住了，很多事也就顺了。有人曾说："人的一切痛苦，本质都是对自己无能的愤怒。"做好自己，事上磨炼，坦荡无碍，才是读书人应该追求的境界。

教师是传递人类文明的人，赠人玫瑰，手有余香，我自己也被这些文明熏染，身上的粗鄙和偏执稍微减轻了一些，这是我此生的幸运。

如果这些零散而琐碎的文字能够带给大家一点启发，那就是我另外一份幸运了。

徐加胜

2025年5月

教育要尊重孩子的独立人格

教育是为代际分离所做的准备，所以独立人格的形成自然就是教育中最重要的目标。同时，对于生命个体而言，独立人格具有不言自明的意义和价值。不尊重独立人格的教育就如同无本之木，所有的繁茂青翠都是镜中花、水中月、梦幻泡影而已。

于逻辑层面而言，这没有丝毫问题。然而在现实的家庭教育和学校教育中，不尊重孩子独立人格的现象却屡见不鲜。在我看来，原因主要有两个：

第一，被眼前的功利纠缠羁绊。独立人格的养成需要时间，独立人格的价值呈现也需要时间。然而，眼前的诸多功利却是诱人的，两相对比，许多师长就会迷失，不顾生命的长远发展，选择急功近利，拔苗助长。

第二，中国的文化传统看重血缘伦理，强调亲子间的联结，而容易忽视个体生命的独立与自由。很多师长放纵自己对孩子的情感，以爱的名义，安排孩子的一切。于是，他们的武断与偏执便裹上了一层爱的外壳，让人心生犹豫，难以深刻批判。

　　或者还是因为文化传统的原因，很多师长对此都习以为常，并不觉得有什么具体的危害。独立人格缺失导致的恶果没有来临的时候，我们谈论独立人格缺失的危害，很多人认为是危言耸听。当恶果来临的时候，我们再来讨论这个问题，很多人又认为这是小概率事件，他们不会那么倒霉，就算有点问题，只要孩子学业等方面都顺利，那点问题也都是小事，先处理好眼前的急茬儿再说。

　　其实，谁也逃不过因果律，有因就必有果，有的果来得晚一些，而有的果在眼前就会呈现。不尊重孩子的独立人格是因，这个因会带来很多果。举几个例子：

　　缺少独立人格的孩子容易性格懦弱，不喜欢也不敢承担责任，习惯于推卸责任，喜欢迁怒和甩锅。假若外部的师长比较强势，孩子容易撒谎；如果外部的师长喜欢迁就和溺爱，孩子就容易骄横而跋扈。有的朋友可能会有疑问，迁就和溺爱也会导致孩子独立人格的缺失吗？答案是肯定的。溺爱会产生包办，和强势的安排一样，师长的过多参与会影响到孩子独立人格的发育；而迁就则会导致孩子缺少对责任的承担，这同样会影响孩子独立人格的发育。尊重孩子的独立人格确实不是一件容易的事情，其中的分寸权衡很是考验师长的智慧与定力。

　　独立人格的缺失会导致孩子自信心的丧失和安全感的

缺乏，因为他们会热衷于比较与竞争，而忽视了自己其实是独一无二的个体。在竞争中输了会产生强烈的自我否定，而赢到最后的也会在某个时刻突然迷失，不知道自己一路拼过来的意义到底是什么。

不尊重孩子独立人格还会导致亲子关系的紧张，甚至是冲突。从某种意义上讲，冲突爆发还是好的，因为那说明孩子还存在力量，他们试图挣脱某些束缚。而当冲突的双方突然平静了，问题或许就更糟了，那可能是父母彻底绝望了，这往往意味着关系进一步破裂，或者是孩子已经彻底放弃了，他们似乎不再抗争，但同时也在用摆烂的方式进行着最后的抗争。如同罗曼·罗兰所说，很多人二十岁就死了，等到八十岁才被埋葬。

独立人格的缺失还会带来存在感的缺失，这是一种难以承受的精神层面的痛苦。我们习惯于用各种光环来装点人生，然而很多时候，那个被装点的主体其实是空心的，是虚无的。每一个光环都意味着外在的认可，而内在的灵魂却毫无感觉，这是怎样的一种荒诞。关键是这样的痛苦无法正常表达，因为大家都无法理解。于是，为了宣泄这样一种痛苦，很多看似有违常情的悲剧就发生了。

是谁偷走了孩子的心

听一位教师朋友诉苦，说起他们学校的一件事：

一位一年级小朋友的妈妈打电话给班主任，说她的孩子在学校楼道里被同学泼了一身水，裤子全湿了。家长很气愤，要求老师将这个泼水的同学找出来，班主任答应了。第二天，孩子和妈妈一起到了学校，班主任询问孩子到底是谁泼的水，孩子说不是自己班的同学，于是班主任带着孩子走遍了一年级四个班的教室。但是孩子也还是没有找出那个泼水的同学。

这时，孩子的妈妈要求调出监控录像，否则就报警处理。按要求履行了一系列的程序后，家长和老师一起查看了当天的监控，然而在楼道相应区域没有发现任何孩子被泼水的镜头。

最后，孩子自己说了实话，下午上完活动课排队离校时，他憋了尿，没忍住就尿了裤子，但回去后他没和妈妈说实话。事情真相大白，家长对学校和老师表达了歉意，这个事情就过去了。

朋友感慨现在的学校教育太难了，家校之间的信任度不高，所以我们一定要注意监控设备的完好，留有证据云云。我有同感，但同时也在思考另一个问题：孩子的一句谎话给家庭和学校带来这么多的麻烦，但是这个孩子为什么要撒谎呢？

或许这个问题更值得思考，也更有普遍的意义。我并没有和那个孩子以及家长交流，因此只能借助自己的成长经历和教育经验来揣测。

我先是回忆了自己曾经撒过的谎。小时候我撒过的谎还是挺多的，其中最常见的就是谎报期末考试成绩，因为期末考试成绩太重要了，它直接决定着寒暑假生活的质量。我上中学的时候，老师和家长的联系没有那么方便，成绩瞒报是有操作空间的。所以我总是告诉父母一个很光鲜的成绩，从而换取眼前假期的太平，虽然事后免不了露馅，但假期终究能快乐几分。父母发现后很生气，免不了更大的责骂，因为这不仅仅是成绩问题，还有人品问题。但有意思的是，我并没有及时改正，而是开始提高撒谎的质量，比如我只说成绩最好的那一科，至于差的就说老师没发卷子。其实在父母责骂的时候，我也觉得自己这样不对，但每当事到临头，还是选择先顾眼前。自己内心也有自责，但事情好像没有什么好转。

幸运的是，我大些的时候，父母不再像以前那样强势，自己有了压力，在学习上更用心，事情就慢慢好了起来。

有一个判断，我想大家应该是认可的：人做事都是趋利避害的。我想，一个孩子之所以撒谎，就是两害相权取其轻，想避免一个让他更难过的结果，或者说是想要避免一个眼前就会发生的负面事件，比如父母的责骂。至于更长远的事，更重要的事，孩子不愿意去想，其实也想不明白。

上学的时候，我很羡慕身边的同学，他们有事都会和父母商量，当然也就很少撒谎。他们的父母都有一个共性，那就是心态比较平和，对待什么事情都有一定的包容度，不是那种点火就炸的脾气。印象最深的一件事就是我当年高考失利的时候，在县城拿到成绩，心中失魂落魄，和一个同样失利的同学一路溜达到他家，他的父亲知道了成绩，平静地说："你们出去走走，看个电影什么的，不过还是回家来吃饭，别太晚了。"事情过去20多年了，那句话，那个神情，我记忆犹新。

再回到眼前的事，我想那个孩子撒谎的原因或许也很简单，那就是他害怕妈妈因为他尿了裤子而责备他。从这个妈妈对待这件事情的态度来看，她应该是一个比较严格而且倔强的人，比较容易执着于自己的标准。应该说，这一类家长的要求和标准大多是正面的，比如要求孩子自立，要求学校认真细致地处理每一件和孩子相关的事情等。但是他们的要求往往比较自我，容易忽视其他人的情况与感受。

孩子的确应该学会自立，能够独立上厕所，但是这需要一个过程。在学会自立的过程中孩子会出现状态的起伏，所以我们应该给予孩子一份包容，一份与孩子年龄相匹配的包容。我们应该尊重孩子当前状态的合理性，而不能固守着一个高标准，并机械地依据这一标准对孩子进行教育。这样，我们可能会带给孩子负面的情绪感受，使他们产生挫败感。

当我们对孩子过分苛责的时候，孩子的关注点往往就不是如何把一件事情做好，而是这件事带给自己的荣辱得失，于是他们就会去迎合父母的标准，当能力不够，他们可能就会选择撒谎来解决眼前的问题。

其实当父母缺少包容度和同理心时，孩子可能还会出现比撒谎更让我们难以接受的事情。比如说孩子的心理阴影与心理创伤。

举个例子，一个孩子尿床，或者在某个年龄段口吃，这样的事情很普遍，也很正常。当我们保持温和的提醒，甚至是不加干预，这些问题通常也会随着孩子年龄的增长慢慢自愈。但是当我们过分关注这些问题，甚至用这些正常的缺点来刺激孩子的自尊心时，问题就会变得很严重，或许孩子一生都会口吃，封闭自己，不愿意和身边的人交往。因为，从周围的师长那里，他们得到的反馈是：自己是一个有缺陷，不招人喜欢的孩子。

还有一种更可怕的可能性：孩子一直在迎合父母的高标准，而且做到了，似乎也很成功。但是他们在迎合的过程和一次次成功的体验中会变得非常脆弱，他们不容许自己的生命出现失败，而当失败来临的时候，他们可能会变得一蹶不振。再或者他们会在某些生命时刻变得很空虚，因为他们没有自己的生命意志，觉得一切都没有意思，这就是所谓的"空心病"。

"空心病"是北京大学学生心理健康教育与咨询中心副主任徐凯文提出的一种说法。诊断标准如下：

1. 从症状上来讲可能符合抑郁症诊断。它会表现为情绪低落，兴趣减退，快感缺乏。但是和典型抑郁症不同的是，所有这些症状表现并不非常严重和突出，所以外表上看起来可能跟其他同学或其他大多数人并没有差别。

2. 会有强烈的孤独感和无意义感。这种孤独感来自好像跟这个世界和周围的人并没有真正的联系，所有的联系都变得非常虚幻；更重要的是他们不知道为什么要活着，他们也不知道活着的价值和意义是什么。他们似乎很多时间都是为了获得成就感而努力地生活、学习和工作。但是当他们发现所有那些东西都得到的时候，内心还是空荡荡的，就有了强烈的无意义感。

3. 通常人际关系是良好的。他们非常在意别人对自己的看法，需要维系在他人眼里良好的自我形象，需要成为一个好孩子、好学生、好丈夫、好妻子。但似乎所有这一切都是为了别人而做的，因此做得非常辛苦，疲惫不堪。

4. 对生物治疗不敏感。

5. 有强烈的自杀意念。这种自杀意念并不是因为现实中的困难、痛苦和挫折，而是不知道为什么要活着。

我想，即使我们作为一个非专业人士来看这些诊断标准，大概也能够对"空心病"的发病原因有一定认识，到底是谁偷走了孩子自己的心？我不是心理医生，但我想，那些对孩子过分苛刻，缺少同理心与包容度的师长就很有可能会成为偷走孩子的心的人。这些人带给孩子伤害，可是，他们却又分明是爱孩子的呀。他们把孩子当成是自己的心，所以他们炽热而又冷漠地偷走了孩子的心。他们付出了全部，最后却两手空空。

愿我们都不要做可怜而又可恨的"偷心人"。

教育的可能

独立人格的缺失所带来的影响并不是在孩子成年之后才会爆发，而是在眼下就会有相应的呈现。就像本文中撒谎的小朋友，他用撒谎来对抗他所不应该受到的伤害。其实，效果并不理想，还带来了一系列负面的影响，但是孩子已经顾不上了。

我们还是应该反思：我们是如何一步步以爱的名义，坚持着自以为正确的标准，最后，把事情整得一团糟的。我们又该如何调整才能避免这样的谬误继续发生。

每一个生命都是独立的

最近在和朋友讨论教育的问题，想起几个令人唏嘘不已的案件：

吴谢宇弑母案。吴谢宇是福建仙游人，从小学习成绩优异，典型的好学生，高考考入北京大学，是名副其实的学霸。但他竟然做出了弑母这样的恶行。

中国科学院博士生谢某被同学周某杀害的案件。始终缺少自我认同的男子周某，因为同学谢某在一次桌游中对自己的嘲讽而心生恶念，难以释怀，最终专程到北京刺死了同学。

还有一个最匪夷所思的案件。被害人况某和凶手李某是大学同学，很好的朋友。况某的家庭条件较好，一直很照顾家境不如自己的李某。毕业后的一天，涨了工资的李某请朋友况某吃饭，恰好况某也涨了工资，而且幅度还要大一些，于是况某依旧如往常一样抢着结了账。饭后两人回到李某住处，况某睡着了，李某在旁边玩游戏，他忽然感觉自己很多地方都比不上况某，况某家庭条件不错，而且在事业单位工作，再看看自己，收入低，生活压力大，没有什么前途，李某心里既羡慕又嫉妒，于是决定杀害况某。随后，李某将况某杀害，并分尸，抛尸。

面对这些极端案件，我们充满太多的遗憾与感慨，更有很多不解，因为这些似乎都过于极端，不符合常理。于是我们便很自然地将凶手的偏执和扭曲当成是悲剧发生的主要原因，或者一声叹息：一切都是命吧。但这样的案件看得多了，我们会发现这些看似荒谬的案件背后也是有着清晰的原因的。

用暴力结束生命是一件很可怕的事，极少有人会无缘无故地这样做。在这些案件中，凶手的作案动机是，他们认为自己也受到了伤害，甚至是让自己绝望的伤害，于是选择了反抗。当然，凶手的偏执与扭曲，使得他们放大了被伤害的程度，也搞错了反抗的对象。我无意为凶手辩护，但我们需要承认，他们所受到的伤害是存在的。

这些案件令人心痛，同时也给了我们观察与思考的机会，我们可以通过思考与调整去避免或者减少那些正在发生的伤害，从而降低悲剧发生的可能性。或许我们还可以拯救很多正处于崩溃边缘的孩子，或许我们能够让很多孩子不再默默忍受苦痛，而是可以去掉心头的阴霾，远离扭曲，去开朗阳光地生活，善待这个世界。

在这三个案件中，凶手都受到了伤害，但是他们似乎又无从表达，因为这痛苦很难得到世俗的普遍理解与认同。痛还没有办法喊叫，这是一种怎样的痛苦，难以言表，痛彻心扉，如万蚁噬心。

这样一种痛苦就是：缺少存在感，感觉到虚无与无力。

一个朋友很确信地告诉我，人死之后会去不同的地方，善良的人会去天堂，作恶的人会下地狱。对于我来说，去天堂去地狱都是可以接受的选择。当然我不喜欢地狱，我不想做坏事，也不喜欢被惩罚，但我更害怕的是虚无。死亡之所以带给我恐惧，就是因为我害怕彻底的虚无。如果死了去地狱，这或许也不是个坏消息，因为我还在，我还有继续自我救赎的可能。痛苦是有等级的，去地狱受折磨当然痛苦，但是彻底的虚无更让人恐惧。

看到一个故事，在美国有一位因外伤而全身瘫痪的病人名叫马修，每天早上，马修都要迎接来自身体不同部位的痛楚的袭击。在将近一个小时的折磨中，马修不能翻身，不能擦汗，甚至不能流泪，他的泪腺由于药物的副作用而萎缩。年轻的女护士因为马修所经受的痛苦以手掩面，不敢正视。马修说："钻心的刺痛难忍，但我还是感激它——痛楚让我感到我还活着。"马修住院的头几年，身体没有任何感觉，没有舒适感也没有痛楚感。在医生的精心治疗下，有一部分神经已经再生，每天早上向中枢神经发出"痛"的信号。痛意味着存在，痛意味着不再虚无。

其实，虚无的感受并不是只有死亡才能带来，一个人活着也可能体验到虚无的痛苦，或许这就是上面三个案件发生的根本原因。

对于一个生命个体来说，最重要的价值判断的分别并不是善与恶的对立，而是存在与虚无的分野。当一个人感觉不到存在感，充满着虚无与无力感的时候，他并不会在乎善与恶的价值判断，他最在乎的是如何能够摆脱和逃离这种虚无的感觉。莎士比亚这句话"生存还是毁灭，这是个问题（To be or not to be, that's a question）"说得真好。举几个例子，大家可以试着体会一下。

一个过去非常受关注的学生在新的学校环境里面被所有人无视，于是他会用各种各样的办法证明自己的存在。某些时候，方法是正向的，但是如果正向的努力并不能改变现实，他就可能会采取负面的方式来引起别人的关注从而证明自己的存在。他当然知道违纪等负面行为是不对的，但是相对于缺少存在感带来的痛苦，这一切都显得微不足道。两利相权取其重，两害相权取其轻，一切都是个权衡而已。

不是所有的女孩都会抢闺蜜的男朋友，但是缺乏存在感，充满嫉妒心的女孩就有这个可能。兄弟聚会抢着结账，大多时候都是仗义的表现，但有时候也可能会给自己带来杀身之祸，前面的况某就是个例子。这些例子让我们感到不可思议，但背后的逻辑却残酷而清晰。伤人者必须被谴责，被伤害的人值得同情。但伤人者在某种意义上也应该成为我们要去理解的对象。某些优秀的同伴就像明亮的太阳，散发着强烈的光芒，他们是中心，站在他们身边如同隐形，这样一种痛苦很真切却无法表达，知道自己将要做的事情不对但是却难以控制……

一个结婚十几年的家庭主妇，整天忙于家庭琐事，某天偶尔照镜子，看着自己开始衰老的容颜，忽然发现自己变成了某些角色的集合，母亲、妻子、女儿……那个真正的自己不见了，身边的人需要的只是自己的社会身份。心灵开始空空荡荡，但是无法诉说。某一天，一个陌生的男人出现，他欣赏的是那个真正的自己，于是，世俗的道德规范失去了效力，一段故事开始了。这就是《廊桥遗梦》所描述的故事，尽管这个故事有悖于世俗的伦理规范，但是我们对这段故事似乎有着一种同情，少了一些指责与愤怒。

当我们意识到了问题，或许离解决问题也就不远了。很多时候，我们不愿改变，只是因为我们还不够疼。我们缺的不是方法，而是真正的共情能力。

我们需要尊重并敬畏生命。

每一个生命都是独立的，任何一个生命都不应该成为某个人的附属品。我们不能以爱和理性的名义侵犯到孩子的独立人格。不要让孩子消失在我们无所不在的安排与指令中。

每一个生命都是独特的。我们需要发现每一个生命的独特性并去尊重和欣赏，而不是用一个标准来衡量所有的孩子。

每一个生命都有权利去面对真实的生活。随着孩子年龄的增长，我们需要让他们去逐步感受人生的风风雨雨，去做出自己的决定并承担相应的结果。

每一个生命都需要有一个终极层面的港湾，任何时候，生命之舟都可以回港休整，再出发。这个港湾应该是父母，父母和子女的彼此信任、彼此温暖永远是最高价值。能力层面的苛责就更多交给老师和社会吧。父母最大的使命就是在孩子回望我们的时候，给他们一个温暖而淡定的眼神：

往前走，我们就在这儿看着你。

独立是一种力量，也是一种超越力量的精神需求。独立人格带来的存在感是个体生命感到平静与幸福的必备条件。

如果缺乏存在感，人会感到虚无与迷茫，有一种压抑且无法言说的痛苦。假若有合理的宣泄方式，或许也不会有大的问题。最可怕的是积郁许久的情绪，如同沉默的火山，突然爆发，后续的结果令我们大吃一惊。因为，我们大多数人都会觉得这些突发的事件太不合常理，很难理解事情为何突然到了这个地步。其实，事情的发作并不突然，逻辑也非常合理，只是事情背后的逻辑如同草蛇灰线，不易察觉罢了。

没有新父母，哪有新青年

——写在五四运动100周年前夕

今年是五四运动100周年。五四运动对中国近现代社会发展的影响，是一个宏大而复杂的命题，我无意也无力思考，只是想从教育者的角度谈一点自己的感触。

作为教育者，我们需要高举"五四"的火炬，照亮前路，培养真正意义的新青年。

何谓"新青年"？104年前，陈独秀先生在《新青年》杂志的创刊号上解释了他眼中的新青年最首要的标准：

"自主的而非奴隶的……各有自主之权，绝无奴隶他人之权利，亦绝无以奴自处之义务……以其是非荣辱，听命他人，不以自身为本位，则个人独立平等之人格，消灭无存，其一切善恶行为，势不能诉之自身意志而课以功过，谓之奴隶，谁曰不宜？"

大意是说：新青年要有独立自主的人格，如果没有自己内心的道德法则与价值判断，那么就是新时代的奴隶。

时至今日，我们依旧深以为然：年轻人的魅力，在于他们的自由与独立，在于他们生命的无限可能，在于他们尝试未知的勇气。

那么问题来了：我们的孩子会是新青年吗？我暂不回答，先和大家分享一个故事。

一位国外的社会学家到中国农村做田野调查，见到一老翁在烈日下为儿子盖房，而他年轻的儿子则躲在阴凉处玩手机游戏。学者觉得不可思议，通过翻译询问年轻人："你已成年，你父亲为你盖房那么辛苦，你却在一边玩，你觉得这样合适吗？"年轻人愣了一下，回答说："没关系的，我将来也会给我的儿子盖房。"

学者哑口无言，他觉得这个逻辑很诡异但一时无法反驳。听到这个故事的时候，我被戳中了：答案那么地出乎意料，却又在情理之中；答案让我觉得好玩，却又让我感到压抑。

这只是个故事，再分享一个我前几天亲眼看见的场景：

一对婆媳在大街上吵架。儿媳想离婚，婆婆试图挽回，最后言语不合，吵了起来。儿媳言语中指责自己的婆婆和丈夫："孩子两岁多了，你们管过孩子吗？他管过孩子吗？他还是个爷们吗？"婆婆不乐意了："那是你自己想怀孩子的好吗？！"

看到这个场景，我的第一感觉是：这个架吵得有点乱，逻辑不清晰。在今天这样一个时代，离婚应该是夫妻双方的事，夫妻之间怎样吵都正常，但真的没有必要惊扰到老人，大家都是成年人了，自己的事情自己处理好这是起码的底线。就算是最后真的要离，那么大家各自向自己的父母解释清楚，尽可能地将干扰降到最低。婆婆和儿媳为了离婚的事吵起来，有点匪夷所思。

再者，我们可以指责自己的配偶没有照顾好孩子，但是指责老人则没有那么合理，因为老人并不具有照顾孙辈的义务。

最后，那个婆婆的话语也真的颠覆了我的三观，儿女的事情，做老人的要尽可能地少掺和，掺和了就要相对公正，甚至还要多少委屈点自己的亲生孩子。这个婆婆护犊子护得有点让人看不下去。从我的经验看来，有这样的妈妈，儿子性格不爷们的概率真的会比较高。

和身边的朋友分享了我的感受，朋友的反应出乎我的意料。他说："这很正常啊，社会的常态就是这样的，哪有老人不掺和儿女的事的。你活得太理想化了，或者说你是活在你的逻辑里。"

我一愣，不知该如何回答。我想，陈独秀先生对于新青年的期待也是一个理想吧。或许理想之于我们的意义，就如同天上的星星之于航海的水手，水手永远不可能到达星星那里，但星星可以为水手指引方向。

我想，我们还是希望自己的孩子成为新青年的，然而现实是，新青年离我们还有距离。至于具体原因，应该有很多，此处我们只谈父母和家庭教育层面的原因。为了儿女，我们是可以调整的，也是应该调整的。

坦白说来，即使活在新时代，我们大多数的父母都还是旧父母，所以很难培养出新青年。我们都深爱着自己的孩子，把孩子当成心头肉，竭尽全力培养。但是，我们炽热的爱有时是伤人的：

因为爱的炽热，我们对孩子照顾得无比周全，甚至是完全替代，导致孩子对现实世界的认知开始出现偏差，自我生存的能力也在退化。

因为爱的炽热，我们不容许孩子的成长有任何的闪失，我们以爱的名义逼着孩子努力地奔跑，不顾他们的实际天赋与具体年龄，结果是拔苗助长，鸡飞蛋打。

因为爱的炽热，我们为孩子做出一个个在自己看来理性圆满的选择，因为我们觉得孩子的选择都不周全。但是我们忘记了一个简单的道理：那是孩子的人生啊。

最后，孩子变成了我们人生中最炫的附属品。当一个人被他人当成附属品的时候，他的精神就已经枯萎了。我们很多人会抱怨孩子的自私与冷漠，但我们是否想过，是我们的爱出了问题。

我们过度炽热的爱让孩子迷失了方向，弱化了自己的生命意志，甚至是消解了自我。然后孩子在自己懵懵懂懂的时候又开始为下一代去努力而奋斗。我们以爱的名义伤害着我们的儿女，这份爱是代代传承的，因此这样一种伤害也是代代传承的。

所以，我们要做新父母。

我们应该花点时间俯下身子和孩子讨论一点问题，因为孩子总是有那么多的问题。孩子不和你聊天，是因为你没有心情听孩子的鸡毛蒜皮，你认为那没有意义。

我们需要给孩子选择的权利。如果他们连为自己选择一件衣服的权利都没有，未来他们能够选择一个合适的人生伴侣吗？毕竟，人是在选择中逐渐成长的。

我们应该给孩子一个付出的机会，做做家务，陪陪老人，人是在付出的过程中学会爱的。付出其实是幸福的，因为那可以让孩子意识并确信自己的存在。

我们应该降低对孩子学业问题等方面的焦虑，不去追求孩子成长过程中的完美无缺，那既不现实也不理性。在我的教育经历中，有一个不太愿意表达的经验，那就是完美的孩子往往也是残缺的。因为那种完美大多不是孩子最自然的状态，而是后天刻意甚至是苛刻地塑造的结果，就如同龚自珍在《病梅馆记》中提到的那些人工修剪摧残过的梅花盆景。梅花很惨，但是它们没有反抗的能力，人则不同。即使我们追求到了所谓的完美，那也极有可能是梦幻泡影，甚至是定时炸弹。

我们要去多关注孩子独立人格的养成，所有的优秀都应该建立在孩子具有独立人格的基础之上才有意义。完美的人生一定是生命体本身由着自己内心的渴望慢慢雕琢打拼出来的，而不可能是外部力量完全塑造的结果。

有的朋友或许会说，现实生活有太多的局限，我们也是身不由己。那么我再分享几封父亲写给女儿的信：

> 小宝贝庄庄：我想你得很，所以我把这得意之作裱成这玲珑小巧的精美手卷寄给你……
>
> 成绩如此，我很满足了。因为你原是提高一年，和那按级递升的洋孩子们竞争，能在三十七人中考到第十六，真亏你了。好乖乖，不必着急，只需用相当的努力便好了……
>
> 庄庄今年考试，纵使不及格，也不要紧，千万别着急……你们弟兄姊妹个个都能勤学向

上，我对于你们功课绝不责备，却是因为赶课太过，闹出病来，倒令我不放心了。

庄庄：听见你二哥说你不大喜欢学生物学，既已如此，为什么不早同我说。凡学问最好是因自己性之所近，往往事半功倍。你离开我很久，你的思想近来发展方向我不知道，我所推荐的学科未必合你的式。凡学问没有那样不是好，合自己式（和自己的意兴若相近者）便是最好。你应该自己体察做主，用姊姊哥哥们当顾问，不必泥定爹爹的话。但是新学期若已经选定生物学，当然也不好再变，只得勉强努力而已。我很怕因为我的话搅乱了你治学针路，所以赶紧写这封信。

父亲是梁启超，女儿是梁思庄。梁氏家族"一门三院士，九子皆才俊"绝非偶然。老先生身在旧时代，却是新父母。为了我们的孩子，为了我们真正的未来，让我们以梁老前辈为榜样，做更好的自己。

毕竟没有新父母，哪有新青年。

培养孩子的独立人格并不是一件容易的事。师长应该成为标杆与示范，勇敢打破文化惯性与世俗潮流的裹挟，坚持独立与理性，关注时代的变化，与时俱进。

以人育人，共同发展。没有师长的变化与调整，教育不可能会有新的样子。

这篇文章写于2019年五四运动100周年前夕。当时心中有诸多感慨，再看看周围，感觉到改变似乎很难真正发生。于是，这样带点批判的想法就从心中倾泻而出：

没有新父母，哪有新青年！

愿所有孩子都能被听见

——一个教育者的"六一"愿望

某年六一儿童节前夕，我在北戴河和朋友一家吃饭，朋友的哥哥嫂子带着孩子在座，说是想咨询一下孩子上学以及教育方面的相关问题。

那个孩子叫阳阳（化名），是一个十一岁的小男生，当时上五年级，眉清目秀，不是很爱说话。

席间，朋友的哥哥问了一些关于小升初政策方面的事情，我告诉他，现在北京市强调教育公平和就近入学，个人选择学校的空间越来越小了，但是特长生入学还是一条出路，不管是文艺特长还是科技特长（前些年北京市还有类似的政策，现在已经没有了）。

朋友的嫂子这时接过话："我们家孩子有很多特长

的，阳阳你快和叔叔说，你都有哪些特长？"

孩子看了我一眼，说："没什么特长。"

朋友的嫂子一下急了："怎么没有特长？钢琴九级，马上考十级，我们机器人比赛也是拿了市里一等奖的！"

阳阳瞟了他妈妈一眼，不吭声了。他妈妈很无奈地说："现在这孩子也不知怎么了，这一年突然逆反起来，你说什么、干什么他都不配合。"

看到大家都不说话了，我便说："孩子嘛，都会有这么个阶段。"

大家听后都笑了笑，阳阳则自己吃着饭，看都不看我们一眼。

这种场景我不是第一次经历了，在阳阳的心中，爸爸妈妈的朋友或许就是他的对手，面对对手，保持距离和戒备心自然是正常的。

阳阳爸爸接着说："徐老师，您给指点下，孩子在特长方面还需要怎样努力才能够进入一些好的初中？希望您能理解，我们都是从农村考出来的，不容易。话说回来，当初咱们的父母也没操什么心啊，可现在的孩子，我们的心都操碎了，他还是不理解，总是很慵懒、懈怠，一点都不理解我们的苦心。万一他上了一个差的初中，学校的氛围不是很好，那不就完了！我个人的感觉，初中是一个孩子成长中最关键的时刻，一步错、步步错，麻烦您一定多多指点。"

对我来说，这又是一个很熟悉的情景，我依旧是就事论事地说了自己的看法，告诉他们知己知彼，才能百战不殆，一定要了解下那些心仪学校的特长生招生方向，再看看孩子的特长情况，有针对性地准备就好。如果没有成功，也不必灰心，现在北京市教育改革强调公平与就近入学，学校的生源质量之间的差距在缩小，因此，学校之间的差距也在拉近，不必过分拘泥于所谓的名校，更何况孩子一辈子的路还很长，我们要尽力，但没有必要去焦虑。

阳阳扫了我一眼，又低头吃饭，他爸爸则赶紧说："徐老师，道理谁都明白，可是现实的残酷您也清楚，您也一定看过那篇很火的文章，叫什么'教育鄙视链'的，孩子没个英文名人家都不和他玩，不是吗？不努力，没本事，将来不知会有多惨！"

有意思的是，阳阳抬起头又扫了我一眼，这一次，他没有那么快地低下头，只是若有所思地看着他面前的虚空。

我忽然感觉到了压力，想了想，然后认真地说："我还是相信教育的规律，如果我们成年人所有的努力最终没有指向孩子独立的人格、乐观积极的态度、良好的行为及学习习惯、优秀的思维品质，那么这些努力都是没有多大价值的。不管表面看来，这些付出换来了怎样美丽的光环。"

饭桌上的其他朋友大都附和着，说我的话有道理云云，但以我的经验来看，其实这也就限于"有道理"罢了，真正能够认同并变成行为，那还有很远的距离。对于成年人思维方式的改变，我灰心得很。不过我也已经习惯了，毕竟因为职业的缘故，我似乎不用担心自己孩子的入学问题。所以无论如何，我的话的可信度在别人看来是有限的。于是大家也就转移了话题，开始谈些别的，比如围棋选手柯洁输给围棋机器人阿尔法围棋（AlphaGo）的新闻，大家都惊讶于人工智能的发展，感慨于一个新的时代的来临。

有人提到，韩国棋手李世石九段在接受媒体采访时向柯洁传话表达勉励："我想告诉他，他真的辛苦了。"他还表示，柯洁九段理所当然应该获得掌声。而前不久，李世石九段输给阿尔法围棋的时候，柯洁曾豪言说："阿尔法围棋胜得了李世石，胜不了我。"正是这句话，让当时十九岁的少年天才成了超级网红。

大家开始议论柯洁的年少轻狂，也对李世石的修养表示敬佩。

此时一个朋友的话让大家一愣：其实李世石曾经也很狂傲。2001年LG杯决赛中，年仅十八岁的李世石2比

3不敌李昌镐，可赛后他当着媒体表达了对前辈李昌镐的轻视："在所有高手中，昌镐的力量是最差的。"

如今，十几年过去了，李世石已经成为前辈，也有了前辈的样子。只是稳重如他，也曾年少轻狂过。有意思的是，《三联生活周刊》曾经做过一期柯洁的专题，题目就叫"人不轻狂枉少年"。

谈论一番后，大家让我总结发言，都说是再听听老师的教诲，我也没有推托，就当是对教师的尊重吧。

的确，人不轻狂枉少年，其实少年确实有轻狂的资本。无论前辈如何评说，这个时代就是年轻人的时代，我们刚才不还在感慨这个时代的日新月异吗？年轻人其实也并没有那么不靠谱，我们还是要尊重包容我们的孩子，前辈就要有前辈的样子。当年欧阳修喜欢苏轼的文章，就说"老夫当避路，放他出一头地也"，这也是成语"出人头地"的出处。这是何等雅量，我们为人师长者当共勉！

说完这些，我又看见了阳阳的眼神，无法描述，但我确定那是一个有温度的眼神。

饭后大家溜达着去海边，我坐在沙滩上看海，阳阳静静地走过来坐在我旁边问道："我可以和您聊聊吗？"

我说："当然可以。"于是我们二人便有了如下的对话：

"您不觉得我爸爸特别固执，特别自以为是吗？他总是和我谈他的人生经历，总是和我强调学习的重要性，总是说一个好的初中如何关键，所以我要努力准备，等等。"

"我倒觉得你爸爸说得很有道理，他能有今天的成功的确不易，平心而论，你爸爸真的很优秀。"

"但是我就是觉得烦……"

"那你觉得自己的人生应该是怎样的？你应该如何实现自己的理想呢？如果你有理想的话。"

"我也没有什么明确的想法。"

"那你为什么不听爸爸的话呢？"

"我就是觉得很压抑，如果什么都听他们的，那我干什么呢？有时候也觉得他们是为我好，但我就是觉得不舒服。就像刚才我妈非得让我说有什么特长，那有什么可以显摆的呢？学个东西就是为了显摆吗？我觉得挺俗的。可能是我不对，我也说不清，总之我不舒服。"

我沉默了一会儿，问道："你为什么会跟我说这些呢？"

"我觉得您说话没那么极端。"

"哈哈，那你没做过我学生，如果你是我学生，就知道我有多极端了！"

"我觉得您至少能理解我一点，就好像刚才您就没有批评那个下棋的轻狂。"

"其实我也觉得他轻狂，只是我能理解，也能接受而已。"

……

"我也想让我的爸爸妈妈能接受一些我的缺点，总觉得被他们数落来数落去，有点累。有时候总想，我是他们亲生的吗？怎么那么苛刻，一点都不考虑我的年龄和情绪。"

"那你和爸爸妈妈说过这些吗？"

"说过，他们说我找借口，说严格要求是为我好，将来我就明白了。可我想和他们讲，我现在就明白，但就是受不了。有时候我特别想离家出走，但是我又害怕，不太敢……"

我看了看远处阳阳的爸爸妈妈，他们似乎也在看着我们，不知他们是否知道我和阳阳之间的交流。我准备结束这次谈话：

"阳阳，你是一个极敏感、有灵气的孩子。很有意思，今天这么多人，我感觉你似乎是最懂我的，谢谢你！

想要发出自己的声音，就必须有能力作为支撑。所以，你该认真思考自己的学习和未来的生活，不要过分在意所谓的独立，不要被渴望独立的情绪牵绊而忽视自己的现状。虽然独立很重要，但是有几分能力，就要几分独立，绝不要为了独立而独立。想清楚了，努力去做，然后和父母分享一下自己的思考，多和父母交流，我想父母也会很惊讶于你的进步。

比如六一儿童节快到了，你就可以和父母沟通一下你的愿望，如果总是常态的庆祝方式，多无聊啊。"

阳阳疑惑地问："真的可以提愿望吗？"

我重重地点了点头："当然可以！"

"我希望天下所有的父母都不要自以为是。"阳阳一本正经地说，然后又笑着说："我知道这是不可能的。"

很多话涌上心头，只是不适合对眼前的这个孩子说。

如很多父母一样，阳阳的爸爸妈妈也是有爱有智慧的。他们对孩子的爱毋庸置疑，他们给予孩子的指点也很符合现实理性，没有什么根本性错误。

但是，他们的爱和智慧是有局限的：他们不够了解自己的孩子，他们更多的是把孩子当成自己的附属品。他们精心地为阳阳设计一切，甚至把阳阳的生命当成是自己生活的一部分去设计。

其实，这对于孩子并不公平。爱孩子，就要压抑自己的占有欲，就要给孩子自由。不要"自以为是"，不要以自己为中心去考虑安排孩子的未来，因为他们有自己的生活，有自己的世界。爱孩子，就要把孩子当成一个独一无二的生命个体，去了解他们，去尊重他们的生命感受，去引导他们发现自己的天赋，独立地走一条属于自己的生命道路。

想这些不过几秒钟，回过神时阳阳还在看着我，等着我回应。我也对他一笑："你知道就好，其实这也是一种爱，你慢慢就会明白的。"

我自己都觉得有点纠结，一会儿站在孩子这边，一会儿站在父母这边。实际上，这并不是我没有立场，而是因为这本身就是烟火世界里最寻常的生活。无论说了多少，真正首要的目标或许不是把道理讲清楚，而是让所有相爱的人都能够明了并认可对方的心意。

最后，祝每个家庭六一儿童节快乐，也祝每个家庭里都能多一些对彼此的理解！

教育的可能

这是一次偶然的对话。但很多年来，我有过很多次类似的对话，见到过很多阳阳这样的孩子，当然，也见过很多阳阳父母这样的家长朋友。

心中有些黯然，但却又无法充分表达。毕竟，这些父母是出于爱的初心，说重了我有些不忍。再者，这样的做法大家也都是司空见惯，并没有觉得有什么大碍。如果我很认真地批评，给面子的，会承认我说得有道理，只是他们做不到而已；不给面子的，反倒会觉得我小题大做，甚至觉得我的话有些危言耸听了。大家都如此，能有多大的问题？但鲁迅先生早在《狂人日记》中就借狂人之口质问过："从来如此，便对么？"

学会处理矛盾，是孩子的必修课

先和大家分享一则网络旧闻。

杭州姚先生三岁的儿子小姚在上某培训班时被同学给打了，而且还是同学的妈妈拿着同学的手打的小姚。据姚先生说，小姚现在状态很不好，甚至有失眠和小便失禁的情况。

为什么会有这样的闹剧呢？据老师讲，可能是因为做游戏的时候，小姚踢到了自己的同学，同学的妈妈就不干了，说是不能让孩子太懦弱，要教孩子学会反抗，于是就有了上面一幕。

网友留言很热烈，好像还是一边倒：

"打回去，不要被道德绑架；给这位妈妈点赞；我觉得家长抓着自己儿子的手打回去的力度肯定不大，而且要让自己内向的儿子懂得反抗，我个人是赞成这一做法的。"

这件事很平常，天下总会有孩子之间的冲突，有的"熊孩子"也的确是招人讨厌。更讨厌的是，有的"熊孩子"的父母也缺少自觉，不知道约束自己的孩子，确实让人心中不爽。而每个孩子又都是父母的心头肉，看到自己的孩子受了委屈，这个妈妈在当时当地，脑袋一热，做出了不合理的举动，可以理解。但网友一边倒的言论却让我有点意外。

1

我们都爱自己的孩子，于是我们尽全力去呵护自己的孩子，但是，我们终究都会老。我们所能给予孩子最大的呵护是让孩子拥有独立的判断能力与行为能力，从而能够很好地保护自己，如此我们才能够真正心安。

爱孩子就要让他们慢慢学会独立。事件中的妈妈原本是想呵护孩子，但从更大的时空来看，她的做法最终可能会事与愿违。欲想让孩子学会独立，我们就要在陪伴中慢慢地退后，把更大的空间留给孩子，我们要少说话，只说重要的话。我们的强势干预与包办代替会后患无穷。

比如在孩子十四五岁的时候，对异性有些爱慕或者有点所谓"早恋"苗头的时候，很多家长与孩子之间没有任何的交流与引领，只是很决绝地斩断一切可能，等到孩子大了，他们又会去抱怨孩子没有办法选择一个好的结婚对象，从而不停地催促他们快点相亲、结婚。

教育中过分干预甚至取代孩子的决定，却希望孩子长大后能够独立而从容地生活，这是当前家庭教育中普遍存在的逻辑矛盾。

2

有的家长会说，就是因为孩子不明白，所以我才需要引导他们，我拿着他的手去反击就是一种引导。

这不是真正意义的引导。引导的前提在于了解孩子的感受和孩子的思维逻辑，而不是用我们的感情和逻辑来取代孩子的感受与逻辑。

我的儿子和我们隔壁邻居家的儿子经常在一起玩，玩着玩着就会打起来，两个妈妈都有些尴尬，她们都会教育自己的孩子要尊重其他小朋友，这样的教育有一定效果，但也不是特别理想。后来，两个妈妈约定在没有明显危险的前提下不去干预孩子们之间的冲突，看看结果会如何。

不出所料，两个孩子又发生了冲突，一个小朋友拿着充气棒打另一个，另一个拿着同样的武器还击，过程中两个孩子都看了看自己的妈妈，但是两个妈妈只是在聊天，好像什么事都没有发生。事情出现了特别有意思的转机：两个孩子打着打着，突然开始笑了起来，然后又开始玩起来了……

过了一会儿，两个孩子又有了小冲突，他们在争抢一个玩具。一个孩子转向妈妈求助，说应该轮到他玩了，但弟弟不给他，妈妈还是没有理，只是说你们自己解决。事情又令大家啼笑皆非：拿不到玩具的孩子不再坚持，换了一个玩具，嘴中喃喃自语："这个更好玩。"两个妈妈差点笑喷了，孩子多会给自己找台阶呀。孩子们有自己的世界，有自己的社会，有自己的规则，也会有自己的喜怒哀乐，也在自己的喜怒哀乐中学会如何更好地和他人相处，如何更好地和自己相处。对于这一切，我们要有点耐心，悉心观察，然后和孩子交流，更好地引导他们。很多时候，内心脆弱的并不是孩子，而是我们家长。

所以家长特别要注意控制自己的情绪，不要过分在意自己的孩子。南开大学有位已故的教授叫李霁野，他有一个很有意思的演讲叫《"严父慈母"的新估价》，里面有一些观点很好玩，虽然是1945年的演讲，但依然戳心：

> 受姑息过的孩子，在其他孩子中不是破坏团体，欺负弱小的孩子，便是跑着回去找妈妈哭喊告状，是最没有出息的。他们的母亲往往也最多是非，爱明争暗斗，教不好孩子的……
>
> 小孩子是需要伴侣的，他们自有他们的正义，也有应付的方法，用不着大人操心的。不多时前两个母亲为孩子大起口角……有撑腰的母亲的孩子动不动就是哭，我想是未必幸福的，我若是母亲，我宁愿他多挨别的孩子几次打，学着少哭，以至于不哭。

3

这个世界有自己的逻辑，我们要尊重规律，如果因为自己炽热的情感而违背了规律，估计事情的结果就不会很好。

对待自然界如此，对待孩子的教育何尝不是如此。我们总是想保护好我们的孩子，希望他们不受任何的委屈，但是我们是否想到，孩子的成长就是要经历风雨的。而我们过分的人为干预会给孩子造成认知的扭曲，而这些扭曲在孩子成年后都会让我们付出难以承受的代价。

在孩子未成年时，我们有着很长的准备期，这段时间孩子犯错误的代价是最小的，我们要抓住这个时间阶段。我们要敢于放开，让孩子能够最大限度地体验这个真实的世界。

如果那些"坑爹"的"官二代"和"富二代"在他们最初犯小错误的时候能够付出代价，又怎么会狂妄到后来的那种地步？但可悲的是，父母过分的纵容让他们以为这个社会就是自己所理解的那样可以为所欲为。与其说是他们"坑爹"，还不如说他们是被爹坑了。

即使普通人家的孩子也会有类似问题。现在的家庭教育中有一个群体是很值得我们关注的，那就是贫穷家庭培养出来的"富二代"，从这个名词中，大家就应该了解这类孩子的特点。我一直感觉，有些孩子无法在学校被教育好，就是因为学校不能给予他们最真实的反馈。他们生活习惯差，脾气很粗暴，对身边的同学很蛮横，但是基于学校的大环境，他们不可能被简单直接地粗暴对待，这样的孩子到了社会上，会被这个社会狠狠地修理，那时他们才会明白原来事情和自己想的并不一样。

而对于那些很柔弱的孩子，父母过分的保护也会带来很大的负面作用。

世界就是这样，面对外部的伤害，你要么选择反抗，要么选择忍受，直至你拥有了反抗的能力。如果能力很差，我们就要习惯接受外界的贬低甚至是羞辱，并知耻而后勇，奋发有为。

而这些心路历程，都得孩子自己体验才好，否则他们永远不会成熟，明明没什么本事还总是抱怨这个社会不公平，真是可悲极了。

4

面对子女的教育问题，我们都需要认真思考，做出自己独立的判断。不要让我们的爱炽热而庸俗。培养更好的孩子，我们都还需要努力。

课堂上，老师不敢放开学生自由探索，往往是因为老师的知识、思维与格局无法驾驭和引领学生；家庭中，父母过分介入孩子的生活，大都是因为父母自己思考不清楚，缺乏安全感，于是便放弃思考，人云亦云，扎堆儿取暖，要输一起输，反正大家都一样。

五四运动的旗手之一胡适先生说："你们不用总争自由，自由是外界给你的，你要先争独立，给你自由你不独立你仍然是奴隶，你要把你身上蒙蔽你的概念和成见，像剥笋一样一层一层的剥去，露出里面它里头很鲜嫩很清的那个劲。"

所以，师长们需要调整，需要用我们的真诚和理性去审视周围的世界，不被固有的概念和思维缠缚。我知道大家都很难，但无论如何，我们都可以为自己的孩子营造出更适宜他们成长的环境。

我们不要做应声虫，也不要充满怨念，对一切都冷嘲热讽。我们可以呈现出相对独立的生命状态，我们需要用独立来涵养独立！

教育的可能

在成长的过程中，孩子间的冲突是永远不会停止的。也正是在这些冲突中，孩子慢慢开始学会如何与同龄人相处，并试着去体会社会交往的一系列规则。面对并学会处理冲突是孩子成长过程中重要的一课。

然而，近年来因为孩子间的冲突而引发的更大的冲突屡见不鲜，而且随着网络的开放与发酵，每次冲突的发生都会引发网络的热议。在这些议论中，基于情感冲动的言论总是占据上风，可见，情感和理智的结合并没有那么容易。

因此，我们家长遇事要多点冷静与旁观，少些冲动与代替。如阳明先生所言，事上磨炼，日日精进。

每个孩子的成长，都是一次次劫后余生

是的，你没有看错，我用的是"劫后余生"这个颇为严重的词。但这绝对不是危言耸听，每个孩子几乎都经历过大大小小的危险，只是随着长大慢慢淡忘了。

先说两件我小时候的事吧：

第一件事发生在我五岁那年。

都说孩子的四五岁是一个喜欢模仿的年龄，我自然也不例外。小时候觉得最有趣的事情就是看大人们抽烟，那种吞云吐雾的样子让我羡慕不已。

那年春节，我发现地上有许多引线断了的鞭炮，形状很像烟的样子，于是我兴奋地从厨房偷出了一盒火柴，然后把鞭炮放在嘴里准备"点烟"。

第一根，没划着；第二根，刚划着火就灭了；在我努力划第三根的时候，我妈发现了……后来，我经常回想起这件事，直到现在还会后怕，如果我妈当时没发现，现在我这张脸早就不知道成了什么模样。

　　第二件事发生在我七岁那年。

　　那会儿我非常喜欢跟着一群大孩子疯玩，尤其是夏天常到河里洗澡。有一天，我不知怎么就特别想试试自己苦练的游泳技艺，于是就格外自信地往水深的地方游。

　　刚开始还比较顺利，可突然我就觉得自己没力气了，心中一慌便喝了一口水。这一下可完了，我整个人迅速下沉，眼前一片黑，头也晕眩起来，只知道用手四处乱抓……

　　就在那时，我感觉有个人拽了我几下，然后一把将我从水中拖了出来。我站起来才发现，当时自己所在的地方离河岸并不远，只要再划拉几下，就能脱离深水区，心中不禁五味杂陈。正想感谢救命之恩，那个大孩子没等我说话就不屑地扔了一句"没本事就别逞能"，然后潇洒地游开了。

　　这两件事都是很久之前的事了，原本在我看来只是人生中的几次惊险时刻，偶尔想起，自己笑笑，后怕一会儿也就过去了，不觉得有什么。

　　直到我看到，儿子在吃饭吃得兴高采烈之时，会突然扬起手里的叉子比画，叉子险些就划到他的脸；直到我看到，女儿在朋友家玩得正开心，却不小心摔了一跤，橱柜的边角离她的眼睛只有不到一厘米……

这些突如其来却又让我感到惊心动魄的小事，实在是太多太多，心里的惦念更是无穷无尽。我忽然就想到，或许我的父母，包括全天下的父母都有着和我相似的故事和心路历程。生活总是在继续，那些曾经无知无畏的孩子，终有一日会成为牵肠挂肚的父母。

这种担忧是幸福的，毕竟有多爱，就有多惦念。一个心中没有牵挂的人固然洒脱，但免不了会在某个时刻觉得非常孤单，所以我们不必把这种担忧变成一个巨大的负担。

担忧之后应该是理性地思考。我们要选择正确的方式来守护孩子。人类的幼年期最长，这个过程中，我们要给他们提供基本的生活条件，更要教会他们能够保障自身安全的知识，如尊重规则的意识、求生的技能与勇气、优雅从容的气质。

老子说："天地不仁，以万物为刍狗；圣人不仁，以百姓为刍狗。"也就是说，这个世界并没有主观的情感色彩，而只是按照规则来运行。稻草扎的狗，在祭祀时很重要，完成祭祀后，也便失去了原有的价值了。孩子在天地眼中或许亦是如此，挫折抑或是坦途，都取决于他们自己的智慧与品质。

所以，在规则面前，我们应该是严谨而苛刻的。当我们纵容孩子因为个人喜好和欲望来破坏规则的时候，我们是否想过，这种纵容会伤及很多无辜的人，我们是否想过，当孩子以为有了父母的权势就可以无视规则的时候，他们的悲剧几乎就是注定的，因为他们的父母大不过天地。一个人盲目、无知且没有敬畏之心，下场可以想见。

所以，我们需要重视那些最基本的技能与习惯。我有一个梦想：每一个父母在带孩子住宾馆的时候都会带孩子先看一看紧急撤离路线，按路线走一遍；每一所学校都应该有定期且不提前通知的疏散演习，演习中的孩子们应该一脸的严肃，因为他们在逃生……

我有一个女儿，从她出生起，我就很紧张，因为那份炽热的爱，我开始偏执地怀疑这个世界上所有男人的人品。后来，我慢慢地释然，我永远不能把天下的男人都变好，但是我可以尽力让我的女儿变成一个勇敢的、优雅的，让人不敢伤害亦不忍伤害的女孩。

如果我们真的爱我们的儿女，我们就应该完成我们为人父母的义务。我最不能忍受的是，当孩子因为父母的失职而受到意外伤害或误入歧途时，父母脸上肆意奔流的泪水。面对那些分裂的父母，我的内心也是分裂的：

不忍心去批评和谴责，但也不愿简单地施予我的同情。

我们需要知道，孩子的成长是在自己的体验中形成的。我们不能够因为害怕而将孩子包裹得严严实实，让孩子永远生活在温室之中。我们要学会适当放手。我们迟早都会和孩子们分开，既然不可能保护他们一生一世，就应当让孩子们一步一步地去体验这个真实的世界，获得真正的成长。更何况，如果我们总是具有保护孩子的能力，那么我们和孩子活得也太失败了。

作为家长，用全部的生命去爱自己的孩子是一种本能，不需要他人的督促，但我们应该学会如何去爱，如何控制心中的情感强度去合理地爱。面对孩子，父母应该做的是引导与尊重，理解与等待，然后慢慢退出他们的生活。

和其他动物相比，大自然没有赋予人类十分强大的先天本能，但正因为此，我们的生命才具有无限的可能，这恰恰是人类最伟大的天赋。

每个孩子都是我们不能完全理解的天使，他们有着独特的能力与使命，所以父母不应该按照自己的方式去"奴役""驯化"孩子，把具有无限可能的孩子变成一个个自己的复制品。

每个孩子的成长，都伴随着一次次的劫后余生，我们应该有支持他们飞翔的能力，更有看着他们远行的智慧与气度。

或许每个孩子并不是简单的劫后余生，而是要历劫飞升的"神仙"，愿每个家长都能是智慧的佛，平静地为自己的孩子加持。

教育的可能

家长总是想着去呵护孩子，因为他们觉得孩子很弱小，又不希望孩子受到伤害，因而呵护就变成一个非常合理的逻辑。

然而现实是，危险总是存在，希望孩子一生平安无事只能是一个基于爱所产生的盲目的奢望，而不是对现实理性的认知与评估。孩子不会因为我们的保护而毫发无损，甚至，过分的保护还会让他们变得脆弱。我们要用理性来控制泛滥的保护欲，让孩子自己去逐步面对这个世界，去历劫，去新生。

带刺的叛逆

——读《麦田里的守望者》有感

主人公霍尔顿的双重人格

在社会的通常标准中，主人公霍尔顿无疑是个坏孩子。我们从书中还可以看到太多的例证。

他满嘴的脏话，"他妈的"不断，说自己的哥哥在好莱坞当婊子（可能是在讽刺好莱坞的编剧们没有独立人格），说自己念过的艾克顿岗中学的校长哈斯是个虚伪的杂种。

他学业成绩极差，被潘西中学开除就是因为他有四门课不及格，而且他已经被三个学校除名过了，除了潘西，还有伍顿中学以及艾克顿岗中学。

他玩世不恭，有些不负责任。作为击剑队的领队，他在去和其他学校比赛的时候把剑和其他的装备落在了地铁上，导致比赛没比成；他还去嫖妓，虽然最后时刻因为他内心的顾虑而未遂。

然而，如果我们读得再认真些，会发现其实霍尔顿也有很多的优点。

他喜欢阅读，喜欢思考，他说："真正让我喜欢到骨子里的书，是那种你读了后，希望它的作者是你最好的朋友，随便你什么时候想，都可以给他打个电话。"这是一种非常灵动的表达。按照这个标准，他说他不想给毛姆打电话，而宁愿给哈代打个电话。霍尔顿不是一个人云亦云的孩子，他有自己独立的思考和判断。

他喜欢他的弟弟艾里，他认为艾里聪明、平和，不轻易发怒，是个好孩子，可是艾里得了白血病，十一岁就死了。霍尔顿很伤心，书中有这样一段描述："他死的那天晚上，我睡在车库里，用拳头把他妈的窗户全砸碎了，只是为了他妈的发泄而已。我甚至还想把我们那年夏天用的旅行车的车窗全砸了，只是当时我的手已经全破了，没法砸。我得承认这件事干得很蠢，可当时我几乎不知道自己在那样做。可惜你是不认识艾里啊。"他保留着艾里的棒球手套，一只上面用绿色墨水写满诗歌的手套。他很珍惜这只手套，只给他真心喜欢的女孩看过。

他喜欢自己的妹妹菲比，菲比也特别喜欢他。他花了很大的心思给菲比买了那张叫作《小小的雪莉·比恩斯》的唱片，花了5元钱，当时那是一笔不小的数目。后来唱片摔碎了，可是菲比还是把碎片要过去说是要保存。后来他在试图逃离家庭的时候心里最舍不得的也是菲比，所以他冒着风险跑回家见菲比，而在他问起菲比是否有钱时（因为他没钱了），菲比把自己所有的钱给了他。他们俩有这样一段对话：

"嗨，不需要这么多。"我说，"就给我两块吧，够了。不开玩笑——给你。"我想把钱还给她，可是她不肯接。
"你可以全拿着，以后再还我，看戏时带来。"
"老天，这有多少？"
"八块八毛五，不对，是六毛五，我花了一点。"

霍尔顿此时哭了，而菲比则搂着他的脖子安慰他。其实霍尔顿是一个会被真情打动的人。这一点还体现在他对于爱情的理解与追求上。
他喜欢一个叫简·加拉格尔的女孩，他们曾经是邻居，他曾经教简打高尔夫球，简很喜欢看书，而且看的是很好的书，还看很多诗。他和简玩跳棋，他能细心地注意到简下跳棋有个习惯，就是总是把王棋放在后排不动。他认为简是个有趣的女孩，他说他不想把她形容得很漂亮，可是他完全被她迷住了。简的家庭并不幸福，因为她的继父是个醉鬼，对她并不是很好。

有一次霍尔顿在安慰简的时候亲了亲简，但是没有亲到嘴，这跟简的坚持有关，也和霍尔顿的想法有关，他说："我最喜欢的女孩，是那种我从来不太想跟她们开玩笑的女孩。"很明显，他很尊重简。他和简一起看电影，拉着手直到电影放完也一直没动，他说："跟简在一起，根本不用担心我的手出不出汗，知道的就是自己快乐，真的。"这句话会让很多人想起自己的初恋。后来他们并没有在一起，或许是因为彼此都没有真正地表白，总之他们分开了。

所以当他知道他的室友斯特拉雷德和简约会时，他"差点他妈的伸腿完蛋"，因为他认为"斯特拉雷德是个急色色的杂种"。他让斯特拉雷德代他问简好，并叮嘱斯特拉雷德不要告诉简他被开除的事。在斯特拉雷德和简约会回来后，他和斯特拉雷德有这样一番对话：

"你有没有代我向她问好？"我问他。

"说了。"

说个屁，就凭这杂种。

"她怎么说？"我问，"你有没有问她是不是还把王棋全放在后排？"

"没有，我没问她。岂有此理，你他妈的以为我们一晚上干吗了，下跳棋？"

我根本没理他。天哪，我真恨他。

后来当霍尔顿知道简和斯特拉雷德在汽车里呆着时，他惊呆了，因为他了解斯特拉雷德的行为做派，他用颤抖的声音质问："你干吗了？在破车里就跟她干上了吗？"在斯特拉雷德爱搭不理的回答之后，他奋力地打了斯特拉雷德一拳，但是他并不是强壮的斯特拉雷德的对手，在被斯特拉雷德用膝盖顶住他的胸口后，他一直大骂斯特拉雷德是狗娘养的，说他自以为想跟谁干就能跟谁干，根本不关心那个女孩是不是把王棋全放在后排。为此，他被斯特拉雷德揍了一顿，鼻血流得一塌糊涂。这是一个很感人的情节。霍尔顿对待感情的纯真让人动容。

更重要的是，霍尔顿是一个是非分明的孩子，是一个内心深处有原则的人。他有他的理想。在他和菲比的一次交谈中，菲比曾经问他有什么喜欢的人，他想起了三个人，有两个是他在流浪的过程中碰到的拿着破旧的草篮到处募捐的修女，他在她们身上看到了真正的而非虚伪的慈善，他捐给了她们10元钱。另外一个是艾克顿岗中学的男生，名叫詹姆斯·卡斯尔，他评价另外一个男生狂妄自大，那个男生带着几个混混用武力威逼詹姆斯·卡斯尔收回自己的话，但是詹姆斯·卡斯尔选择了跳楼也没有收回自己的话。对这三个人的认同能够体现出霍尔顿内心的价值判断。

他还和菲比提起了自己想做的事情，他用他少有的有诗意来描述自己的理想："我老是想象一大群小孩儿在一大块麦田里玩一种游戏，有几千个，旁边没有大人——我是说没有岁数大一点儿的——我是说只有我。我会站在一道破悬崖边上。我要做的就是抓住每个跑向悬崖的孩子——我是说要是他们跑起来不看方向，我就得从哪儿过来抓住他们。我整天就干那种事，就当个麦田的守望者得了。我知道这个想法很离谱，但这是我唯一真正想当的，我知道这个想法很离谱。"

有一次他去菲比的学校看到有人在校园的墙上写了"操你"两个字，他很生气，也很担心："他妈的快把我气疯了。我想象菲比和别的小孩儿都会看到，就会很纳闷那到底是他妈什么意思，最后，哪个下流的小孩儿就会告诉他们那两个字是什么意思，当然全是胡说八道。

然后他们就会想着这件事，甚至可能好几天都会为此担心。我老是想着要干掉写那两个字的人。"很明显，他害怕那些不好的涂鸦会伤害到菲比那样大小的孩子。或许他想保护的人也包括他自己吧，毕竟，其实他也不过是个弱小的孩子罢了。

主人公双重人格形成的深层原因

我们会很容易思考到这样一个问题：霍尔顿明明是一个好孩子，他对自己的处境有一份清醒的觉察，然而他为什么会有那些不好的表现呢？他憎恨脏话，自己却脏话连篇。

我想，问题的关键在于有隔膜。成年人和孩子的世界之间有距离，而这份距离所带来的问题原本应该由成年人去解决，因为成年人也曾经是孩子，无论从理性的角度还是从感情的角度，成年人都应该俯下身子去体会孩子的感受，慢慢地引导他们，直至他们真正地长大。可让人难过的是，很多时候，成年人并没有很好地完成这个任务，这对于孩子来讲，无疑是痛苦的。

在这种情形下，有很多孩子选择了自己开始探索，适应，从而慢慢长大；但有些孩子却很难这样做，敏感的他们选择了坚持与对抗，问题就出现了；当然也有极少数的孩子真的就走向了社会的对立面。阵痛过后，他们中的大多数还是会慢慢长大，但是他们不会忘记他们经历的那样一段纯真却又痛苦的时光，这也应该是很多人都喜欢《麦田里的守望者》的原因。比如罗大佑说过，如果要到一个荒岛上只能带一本书的话，他会选择《麦田里的守望者》。

在书中，有很多地方就体现了这样一种隔膜。

比如说霍尔顿拿着雪球上巴士的时候，巴士司机让他扔掉，他告诉司机说他不会拿雪球砸谁，但是司机不相信。霍尔顿说了这样一句话："人们从来不相信你的话。"这应该是孩子对成人世界的一种控诉，而对于这样一种冲突，我们是需要去思考并做出调整的。

霍尔顿非常喜欢乐队里打定音鼓的一个人，霍尔顿认为他是最棒的鼓手，因为在整首乐曲中，他只有一次机会打几下鼓，可他没打时，也从来没有显得不耐烦过。他打鼓时，总是打得悦耳动听，脸上有种紧张的神色。

霍尔顿和弟弟艾里是如此的喜欢这位鼓手，以至于他们还特意给他寄了明信片，虽然鼓手未必收得到，因为他们并不清楚地址。我们可以看到，孩子的眼中有着简单而明确的是与非，他们最容易发现人世间的善良和美好，也最不能接受人们所谓成熟之后的那样一种虚伪。

于是当他们发现，自己认可的那些美好在成年人世界里并没有被真正尊重，反而自己所厌恶的事物在成人世界里大行其道时，他们会很痛苦，痛苦之后，会有一些反思和调适，当然也会有反抗，霍尔顿就是这样的孩子。或许我们成人需要做的就是能够知晓霍尔顿这样的孩子的反抗背后的纯净与善良。

霍尔顿非常讨厌那些煽情的电影。有一次看电影他这样描述他旁边的一位女观众："让我受不了的是我旁边的一个女人。看这场破电影时，她一直在哭，越是到了虚伪得厉害的地方，越是哭得起劲。你会以为她是一个心肠好得不得了的人，所以才那样，可是因为我就挨着她坐，知道她可不是。她带来的那个小孩儿根本他妈的不想看电影，想上厕所，可她就是不带他去，还老是说要他老老实实坐着。她的心肠好得跟她妈的一匹狼差不多。就拿那种看电影时看到虚伪的地方就哭得一塌糊涂的人来说，十个里头有九个就是内心卑鄙的混蛋，我不是开玩笑。"从这个细节，我们也可以看出霍尔顿的反抗。

霍尔顿和一个叫萨莉的女孩约会，在聊天的过程中，他说他讨厌学校，讨厌一切，讨厌纽约的生活，讨厌人们对汽车的痴迷，他说比起汽车，他宁愿骑一匹马，理由是马"至少还通点人性"。

他这样描述他们大学以后可能的生活状态："不得不乘电梯下楼，拎着手提箱什么的。我们会给每个人打电话说再见，还从旅馆里给他们寄明信片等等。我会在一家公司工作，挣很多钞票，坐的士或者麦迪逊大道上的巴士上班，整天看报纸、打桥牌，还去电影院看很多烂短片、流行新片和新闻纪录片。"可以看出他厌恶这样一种生活状态。所以他萌生了远远离开都市的念头，他劝说萨莉和他一起到一个人迹罕至的地方，住在小溪边上，冬天自己砍柴，过一种美满无比的生活。而萨莉，这个他其实并不是真正喜欢的女孩却给他浇了一盆凉水，她认为这一切都是不可能的，她认为霍尔顿只是不成熟的异想天开。他们之间的沟通以失败而告终。

在这之后，霍尔顿这样反思："说实话，我根本不知道我怎么会开口跟她聊起这么多事儿……就算她想跟我走，我很可能也不会带她，我想一起走的怎么也不会是她。然而最要命的是，在叫她跟我走时，我是真心实意的。"多么可怜的霍尔顿，他是一个真诚的孩子，他并不喜欢被现代工业文明异化的社会，他更渴望一种自然的状态，尤其是在心性方面。他不喜欢萨莉却邀请她一起逃离，可见他是多么的渴望逃离，渴望别人能认可自己。

其实问题并不是单单出现在现代工业文明时代，这个问题几乎所有时代都会出现。一个社会之所以会是一个社会，它自然就有自己的规则和秩序，正是这样一种规则和秩序维系着社会的整体存在并推动这个社会良好地运转。这样一种规则和秩序是人类的伟大创造之一。

但是某些时候，这样一种规则和秩序又会成为一种庸俗的枷锁，使得社会异化为某种让人难以接受的状态，并且对社会成员变成了一种束缚。霍尔顿就是这样一个想挣脱束缚的孩子。回到我们中国的历史，魏晋时期的名士所喊出的"越名教而任自然"不也是同样的一种心境吗？苏轼在《临江仙·夜归临皋》中这样写道："长恨此身非我有，何时忘却营营，夜阑风静縠纹平，小舟从此逝，江海寄余生。"这样的一种试图逃离不也可谓是霍尔顿等人的先驱吗？

一个看似终归平静的结局

随着岁月的流逝，所有试图逃离的孩子都会发现，逃离是不可能的。霍尔顿最终还是没有离开纽约，而是回到了正常的生活轨道上去，找学校念书，接下来的日子还是会做应该做的事吧。他在博物馆里放木乃伊的地方发了这样一句感慨："这就是全部麻烦所在，你永远找不到一个不错而且安静的地方，因为不存在。"霍尔顿一直是个聪明的孩子，他的思考很深刻。

霍尔顿的故事到此应该就告一段落了。霍尔顿的试图逃离和最终的回归都具有很强烈的象征意义。

看《麦田里的守望者》，我总是会想起庄子。庄子的学说之所以在后世引发强烈的共鸣，是因为对人作为社会与文化的存在的反省与焦虑。人只有进入社会，只有被社会的文化浸润，才能够真正成为社会化的人，从而和整体一致，和谐前行。然而人的社会化也是一个被理性化，在某种层面上失去自然、丧失本真的过程，这样一个过程的确会让人产生焦虑。

这是一个两难的问题。但是庄子的本意也绝不是要完全抛弃社会文化的主流价值标准，只是不能接受原本由人类创造的价值标准反过来僵化成一种工具和枷锁，因为一旦如此，人类社会就会失去活力。庄子始终强调社会需要有人冷眼旁观，带着一颗炽热的心，也许批判本身就意味着一定层面的赞同，否则根本就不需要对话。

霍尔顿的逃离就是对当时的工业文明对于人类精神方面压抑的不满与反抗，他采取了很极端的方式来对抗社会的主流文明，就如同魏晋名士用那些放荡之行来对抗礼教一样。霍尔顿和魏晋名士还有一个共同点，就是有一颗炽热的赤子之心：霍尔顿是如此的爱自己的弟弟妹妹，他最终留下的一个重要理由也是他的妹妹菲比。

阮籍在母亲去世时不肯停止正在对弈的棋局，还喝了很多酒，但是他内心哀伤过度，咳了很多血。

霍尔顿终究还是回家了，回到了他所批判的社会中。任何一个社会都是需要主流价值的，否则社会整体的维系和进步就会成问题。只是这样一种主流要有开放性，要在包容和碰撞中保持自己的地位，而不是以己为尊，排斥异己。

我们都应该记得那些最纯真的年华，那样一份炽热的情怀和带刺的叛逆。我们还应该善待那些如同我们往昔的孩子们，因为，善待他们，就是善待曾经的自己，带着他们平静却不平淡地走过他们的青春，那样，我们就是麦田里的守望者。

教育的可能

独立人格与社会化的关系，是东西方社会都关注的一个教育和社会问题。因此，在东西方社会，也诞生了许多聚焦这一主题的文学作品，《麦田里的守望者》就是其中颇具代表性的一部。

小说由美国作家塞林格于1951年发表，描述了一个叫霍尔顿的十六岁的孩子被学校开除后的三天的流浪生活。小说以第一人称描述了霍尔顿在这三天中的遭遇，也穿插着霍尔顿对他所经历的十几年的人生片段的回忆。作品在青少年群体中引起了强烈的共鸣，而家长和教师也非常重视这部作品，把它当作理解当代青少年的钥匙。

孩子是父母一生的对手

周末，带着孩子去看了《摔跤吧！爸爸》这部电影，看后不禁有些感触。

父母和孩子是一生的对手，我们一生的努力就是为了把孩子培养成一个值得尊重的对手。

这是我看完电影的第一感受。

电影中的父女诠释了一段精彩的对抗，他们相互对立，相互影响，有幸福与甜蜜，也有悲伤与泪水。

最初，父女相处是甜蜜而平淡的，父亲一直有一个为国家赢得金牌的梦想，但是由于家境问题未能实现。他很希望有一个儿子替自己实现梦想，可是他只有四个女儿。但是在此期间，他也从未冷落过四个女儿。事情的变化是从一件小事开始的，父亲在女儿的一次打架中发现了女儿的天赋，更重要的是，父亲发现原来女儿也可以替自己实现人生梦想，父亲的希望再次萌生，而女儿的噩梦开始了。

其实这也是我们家庭关系中的一个小的缩影：在孩子很小的时候，孩子非常地依赖父母，父母也很享受孩子带给自己的愉悦，很多年轻的妈妈还非常浪漫地记录着孩子成长的点点滴滴。此时的父母对孩子没有任何特定的期望和要求，幸福是主旋律。

但当孩子慢慢长大，社会开始对他们有要求，父母也往往开始把自己的理想和愿望强加给自己的孩子。孩子当然是痛苦的，不习惯，也不适应，曾经好好的父母怎么突然这样了呢？于是孩子与父母之间就开始有对立与抗争，进入对抗期。

影片中的爸爸将希望寄托在女儿身上后，开始不顾及女儿的感受，不顾及村里人的嘲笑，只是简单而粗暴地对女儿进行训练，动机很简单：实现自己的人生愿望。女儿当然会反抗，但反抗很快就被残暴地镇压了。最明显的象征就是两个女儿的头发都被剪成了短发。也就在这时，矛盾达到了顶峰，如果事情没有转机，那么父女双方都会在对抗中慢慢消耗彼此的能量，梦想也就真的只是梦幻而已了。

事情还是有了转机，两个女儿在训练期间偷懒去参加了村中一个女孩的婚礼，父亲发现后大怒，他的怒火让两个女儿在村里人面前颜面无存。但是那个只有十四岁的新娘的话在两个女儿心中掀起了波澜："我倒希望能有一个这样的父亲，至少他是为你们着想，否则你们也会像我一样，从出生起，就注定要与锅碗瓢盆为伍。整天有做不完的家务，到十四岁的时候就要嫁出去，好减轻这个家的负担。最后被送到一个从未见过的男人面前，为他相夫教子度过余生。"

客观地说，当时父亲让两个女儿练摔跤更多的还是为了满足自己的人生愿望，并不是真正地关心女儿。再者，那个年轻新娘的命运是大多数印度农村女孩的人生剧本，如果不是要练习摔跤，参加比赛，两个女儿可能也就是这样的命运。但是，这番话还是深深地触动了两个女儿。她们发现，自己不仅是为了父亲打拼，更是为了自己的命运打拼，她们和父亲的方向其实是一致的。就如同我们每个人总会在某一瞬间领悟——父母让自己好好学习是对的，就算他们是为了自己的面子，但是归根结底对我们也是有好处的。

于是，影片中的女儿和曾经的我们一样，瞬间理解了父亲，双方为了共同的目标开始奋斗。这一段时间是父亲和女儿最甜蜜的时间之一。父亲一定觉得女儿懂事极了：在艰苦的条件下训练却保有充沛的激情；输了一场比赛，不需要外在的指责，自己已经为此反思和难过。

有了内在的驱动力，再加上外在的督促，效率是惊人的，大女儿很快就拿到了全国冠军，即将进入国家体育学院。

然而这样的一种默契与理解在大女儿进入国家队以后戛然而止。女儿看到了更大的世界：不一样的生活规矩，不一样的训练方式，还有不一样的外部世界。于是女儿改变了很多，很多人会认为是外部的花花世界让纯粹简单的女儿变了，其实不然，女儿改变的深层次原因简单而又微妙：她不想是父亲的复制品，她想减少甚至抹掉自己身上父亲的痕迹。

女儿是爱父亲的，这一点毫无疑问。但是当父亲的存在对于自己的独立人格是一种伤害的时候，那一刻，父亲其实也是一个可怕的对手。于是，新的对抗自然而然地就爆发了，冲突的最高点就是她将自己的父亲摔翻在家乡的摔跤场上。

或许我们每个人都会有这样的感受，当我们的人生刚刚成功的时候，一个方面我们很幸福，自信心爆棚，然而我们马上就会发现，成功的背后有着太多父辈师长塑造的痕迹，于是我们在内心尊敬父辈师长的同时又想着如何去掉他们在我们身上的标签，因为，我们是独立的，我们有资格发出独立的声音。说到底，这还是一种不自信，但是年轻的心就是这样，自信而又怯懦，独立而又孤单。我想，影片中的女儿在击败父亲后，内心一定是复杂的，就如同当年我父亲第一次和我说"这事听你的"时，我愣在当场，内心五味杂陈……

故事还在继续，父亲和女儿陷入了冷战，女儿的战绩很糟糕，父亲惦念但是又不肯放下架子。最终是女儿打破了僵局，她给父亲打了电话，说了对不起。电影中并没有仔细交代女儿转变的原因，我想原因不应仅仅是女儿糟糕的战绩和割不断的父女情深，一定还会有女儿的人生感悟：在获得了所谓的独立后，她并没有收获到应有的喜悦。随着人生阅历的丰富，当她能够客观地审视和思考自己的问题时，她一定会承认父亲的经验对她来说其实很重要，只是面子问题，她不愿承认。一个人只有在独立之后才能看清一些问题，因为她不会为了保持所谓的存在感而偏执地回避问题。只有自信，方能认错。

于是父女和好了，女儿的战绩越来越好，直至最后赢取了国际金牌。

很多人或许会说，姜还是老的辣。其实，我们可以发现在这一过程中，父亲也在变化。在女儿参加决赛的前夕，他和女儿有一段对话，他很清楚女儿的对手十分强大，此时谈论技术和战术已无意义。他说希望女儿为了女性而战，为了那些看不起女孩的人而战。其实，这并不是父亲最初的想法，最初他是为了国家而战，但是，此时为国家赢取金牌也变成了路径，目的是要向世界彰显印度女性的尊严。应该说，这是他的女儿带给他的影响，一路走来，他深刻地影响着自己的女儿，但是女儿又何尝没有影响他。

他们是一生的父女，是一生的朋友，更是一生的对手，相互尊重又相互依赖。他们是两个相互独立的生命，但又是两个彼此理解，彼此成全的生命。

这就是亲子关系最好的境界吧。愿你的孩子也会成为你最尊重的对手，在你影响他们的同时，他们也深深影响着你，彼此理解，彼此成全，相互陪伴，永远幸福。

教育的可能

《摔跤吧！爸爸》是一部印度电影，一个关于父女关系的故事。父女从对抗到理解，经历了很多，最终是一个完美的结局。

只要灵魂是独立的，亲子关系就必然会有对抗的一面。坏的亲子关系永远是碾压式的对抗：孩子年少时，父母碾压孩子；父母年老时，孩子碾压父母。好的亲子关系则永远是惺惺相惜的对抗：孩子年少时，父母可以看见孩子的纯净与锐气，如夏花绚烂；父母年老时，孩子可以看见父母的平和与沧桑，似秋叶静美。

与学生谈论独立与自由的信（上篇）

各位同学：

今天是大年初十。

疫情在延续，看来居家隔离的日子还要持续一段时间。

"世事洞明皆学问"，周围的一切都可能是学习的契机。因为疫情，我们学到了很多知识，比如说因果、责任、团结等。今天我想和大家聊聊自由与独立。

客观地说来，因为疫情，我们的空间活动受限，然而在有限的空间里，我们却拥有了时间安排的相对自由。因为自由，这个假期你们起初应该感觉不错。远离了老师的约束，因为疫情，家长关注的焦点也从学业转移到了现实，你们的日子应该很幸福。但这样的日子过久了，大家是否也感觉到了些许的枯燥与无聊，太多的时间，自由安排还真不是一件容易的事。

从周围的现实来看，很多人对于突如其来的自由似乎还真有点不适应。这是为什么呢？任何普通的生活如果加以省察，都会呈现出你或许未曾见过的一面。和你们分享一点我的思考。

1

作为一个政治学术语，"自由"一词是晚清民国时，日本及中国的思想家在翻译西方政治学理论时开始使用的。从汉字词源上讲，"自由"在东汉就开始使用。"自由"是宾语前置的用法，正常语序应该是"由自"，意思很简单：就是由着自己的想法和意志。

认真思考，真正的自由其实包含两个过程：首先有一个自己独立的想法与意志，然后再按照这个意志去思考做事。所以说，真正的自由离不开另外一个重要的概念：独立。

陈寅恪先生在纪念王国维先生的铭文中写道："惟此独立之精神，自由之思想，历千万祀，与天壤而同久，共三光而永光。"独立的人格与意志，是拥有真正的自由的逻辑前提。没有真独立，就没有真自由。自由就是听从自己内心最真实的声音，一个内心没有独立声音的人又怎么可能拥有真正的自由。

拥有独立人格与生命意志的人，会有自己的人生目标，也会有针对人生目标而设定的行为模式。他们所拥有的每一段时间都是实现自己人生目的的重要资源，他们当然不会荒废时间，不会无所事事，苦闷无聊。

有了坚定的生命意志，不管外在环境如何，自己都只是按照内心的渴望去做该做的事，将生命活成自己想要的样子。这些天，朋友圈里流传着一个故事：牛顿因为躲避1665年伦敦瘟疫而居家隔离，在隔离期间，读了很多书，思考了很多问题，为他后来物理学理论的建立打下了坚实的基础。其实对牛顿本人来讲，这不过是一件平淡寻常的符合正常逻辑的事而已，没有什么值得大书特书的。然而，不是所有的人都是牛顿，对我们寻常人来讲，他的这份坚持极其的热血励志，值得我们膜拜，我们往往称之为：因自律得真自由。

所以说，对于那些有稳定生命意志的人来说，疫情看似改变了他们的生活方式，但究其本质，并没有什么改变。学习总还是要学，改变的不过是学习地点和学习方式而已，在家学、在学校学，线上学、线下学都只是随缘而已。该锻炼的还是会锻炼，别说因疫情隔离在家，就是在监狱里也不妨碍锻炼。我看过一本书《囚徒健身》，就是讲在监狱中如何利用自身重量锻炼身体，很酷。当然我们没有必要去监狱里思考问题和健身。我想强调的是，对于内心真正强大的人，外部环境可以部分束缚他们的肉体，但是依然无法限制他们的灵魂。电影《肖申克的救赎》中有一句经典的台词："有一种鸟儿是永远也关不住的，因为它的每片羽翼上都沾满了自由的光辉。"就好像南非前总统曼德拉，27年的牢狱生涯，也无法限制他的灵魂，无法阻止他对于打破种族隔离，实现种族平等的渴望。

2

如若没有独立的生命意志，我们就失去了方向，无法做出有效的安排，就可能会荒废时间，无所事事，感觉到无聊苦闷。如果你们在这段假期里感觉到了枯燥烦闷，不妨想一想，你是否有清晰的人生目标。

形成独立的生命意志，享有真正的自由，并不单单是为了眼前假期安排的充实有效，更是为了我们生命的长远发展。其实，因为没有独立意志而荒废眼前的假期，还不是最可怕的。真正可怕的是，如果我们慢慢长大，却依然没有自己独立的意志，那么我们的心中就会被外部的声音和意志填满，甚至我们还会被这些声音主宰。从表面上看，我们是自由的，但事实上，我们却被外部的意志左右，盲目从众，完全失去了自己的生命感觉与生命节奏，变成一群在这个世界上茫然奔跑的乌合之众，没有真正的方向与目的，没有真正的自由，也不可能有真正的成就和真正的尊严。我们就只是扎堆儿往前走着，同行的人很多，我们就有了安全感，也便放弃了反思，心安理得地认为眼前的一切都是合理而正常的。

在学校里，如果大家都说脏话，那么说脏话似乎就没什么问题；大家都在玩游戏刷抖音，那么玩游戏刷抖音就是正常且必需的。长大后，看到别人炫包炫车炫房子炫孩子，我们便也跟着去炫。孩子的感受、自己的感受都不重要，能够让别人羡慕嫉妒甚至恨才重要。这样一种逻辑可怕中带着荒谬。表面上看，我们似乎征服了世界，事实上，是我们被外部世界彻底地征服，还有什么比消灭思想更彻底的征服呢？

眼下疫情持续，我们每天都会接收到大量关于疫情的信息。一个相对独立的人就会根据自己的理性从众多的信息中做出筛选，并依据信息做出合理的判断，从而对自己的生活做出合理的安排，这是一种充满自由与尊严的生命状态。而如果我们缺少独立的判断，就有可能陷落在海量的信息中，变成被情绪裹挟的乌合之众，或亢奋或焦虑或抑郁，在各种情绪中沉浮，得不到解脱，看不到丝毫自由的迹象。

3

拥有独立的意志和真正的自由关乎我们的日常安排，也关乎我们一以贯之的生命状态。究其本质，教育的过程就是一个让人逐渐形成独立意志，拥有真正自由的过程。

我们都要养成阅读和反思的习惯，要让自己的心醒着。随着年龄的增长，我们要多和自己的内心对话，去问自己一些严肃而重要的问题：我是谁？我现在快乐吗？我内心最在乎的到底是什么？对于现在的生命状态，我满意吗？随着我们慢慢长大，反思也越来越深刻而全面。最终，我们会确定自己的价值判断，形成自己稳定的生命意志，会试着去逐步安排自己的生活，用行动宣告自己来到了这个世界。如此一来，我们就真正主宰了自己的生命，享有了真正的自由。那一刻的我们，也就充满着力量。

说一句题外话，最稳定的生命意志形态就是信仰。你会发现，一个真正有信仰的生命总是充满着力量，拥有真正的、无法被任何世俗的力量所征服的自由。但如果我们没有反思的习惯，没有深沉而厚重的思考，没有大量的阅读，也没有和师长们进行严肃而认真的人生对话，那么我们就无法形成独立而稳定的生命意志，我们就会缺少真正支撑生命的力量。我们害怕自由，甚至是逃避自由，因为自由往往也意味着孤独与寂寞。于是我们可能就会随波逐流，慢慢地麻醉自己，直至真正的无感。这一切，不是我们想要的。还好，相较于成年人，我们还年轻，年轻人是不容易被麻醉的。我们敏感，保有渴望自由的天性，这就是青春的力量。

看到过很多纠结而矛盾的年轻人：他们渴望自由又没有独立的能力，想勇敢地走出去又害怕外部未知的世界。他们很自卑，害怕别人瞧不起，却又装出一副自负的样子，浑身是刺，"个性"十足。面对外部的挑战，他们充满挫败感，却又不愿承认，只能用外表的玩世不恭来掩饰内心的脆弱。刚做老师的头几年，我对这些孩子充满了嫌弃与厌恶，后来我慢慢发现，很多孩子对外部的不满其实是对自己的不满。面对这些孩子，我感到很无力，更重要的是，他们在提醒我，其实当初的我也是这个样子。我开始释然，他们很纠结，那说明他们的心中还有渴望，他们不愿意说：我从了。他们不过需要师长们有力量的引领而已，如同当初的我。

好了，说了这么多，也该收尾了，太唠叨的人不够青春。或许这次讨论的问题有些晦涩，但我坚信这对于你们是有意义的。我们的学校希望自己的学生根深中华，心怀天下，拥有更大的生命格局。所以在你们的生命里，需要有人和你们讨论一些严肃而厚重的问题，只有这样，教育才能够真正赞美生命。今天的讨论既不是开始，也不会是结束。

推荐两本书，估计你们也不太感兴趣，但是我觉得你们需要知道有这么两本书，你们可以先简单翻翻，有缘分的时候再认真读读：《乌合之众：大众心理研究》与《逃避自由》。

推荐两部电影，剧情精彩，思想性和艺术性完美统一，值得看：《成事在人》与《肖申克的救赎》。

享受你们完美的假期！

与学生谈论独立与自由的信（下篇）

同学们：

新春愉快！继续和你们聊聊自由和独立。

通过上一封信，我想你们一定已经认识到自由与独立的重要。再和你们分享几点思考，或许你们会有更深的感触。

1

从现实结果看，有些人可能一生都未曾真正拥有自由与独立。但是换个角度说，自由与独立似乎又是我们无法选择的，不管我们是否有能力独立，是否有能力驾驭自由，它们都会被作为一种权利或者是义务强加给我们。

自由和独立原本是一种素养和能力，需要通过循序渐进的学习与实践才能获得，和年龄并无必然关联。但是人类的寿命是有限的，衰老也是不等人的，所以我们没有耐心无限制地等待一个人的成熟，于是我们按照年龄确定了一条线：十八岁成年。

从那以后，大家就会当你是一个独立的人，并会给你相应的自由。随着年龄的增长，自由越多，责任越大，大家对你的期待值也越高。在你犯错误的时候或者不靠谱的时候，大家和你交流的标准句式都会是："你都××多岁的人了，怎么还……"很多成年人估计都被人这样说过，这很普遍。

多大的年龄就要承担多大的责任，岁月经不起太长的等待，我们每个人都在和岁月赛跑，背负着沉重的压力。但坦白来说，作为中国人，我们的压力尤其大。

因为知道孩子将来都需要独立，所以西方人在教育子女的时候都比较强调给孩子相对自由宽松的氛围，进而培养孩子的独立精神。由于文化传统的缘故，中国的家长往往倾向于给孩子更多的指导与管束，容易替代孩子，然而对孩子的独立却依然有着较高的期待。举一个简单的例子，很多家长要求孩子在十八岁甚至二十二岁之前不谈恋爱，但却期待孩子能够有能力在合适年龄选择合适的伴侣，步入美满的婚姻。没有按特定目的去培养，对结果却充满期待，这样一种缘木求鱼、南辕北辙的逻辑会带给我们年轻一代更大的压力。

总之，不管我们怎样，父母怎样，我们都会长大，不管我们是否喜欢，独立和自由都一定会来。我们一定要做好相应的准备，不能够让自由来得那么突然，那么猝不及防。再不济也要有个心理层面的准备，给自己一个缓冲。

年轻时的痛苦在于感觉约束太多，身边有那么多前辈师长，每个人都在告诉你应该如何如何，哪儿错了，该怎么改。长大后，面对很多艰难的选择，痛苦在于没有人会替你做出选择，不管是出于怎样的原因，所有的讨论总会以"你自己看着办"结束。随着我们长大，很多事情都在变化。我们无法去依靠别人，也不应该去依靠别人。评价一个七八岁甚至十几岁的孩子"听话"是一句正面的褒奖；说一个四十岁的人很"听话"则是赤裸裸的讽刺。

我们无法改变生命的逻辑，那么现在就要做好准备，每一次无人干预的自由状态都是一个成长的契机，我们要勇敢地面对自由，倾听自己内心的声音，找到自己的人生方向，试着去安排自己的生活。相信我，生活永远会给你们机会，不要轻易将自己的过错推到别人身上。

比如，在这段特殊的日子里，你做了哪些自己喜欢的事？马上到来的线上教学课程，你会怎样安排自己的学习？疫情过后，你会变得更加喜欢自己吗？

2

自由和独立是一种世俗层面的能力，但从更本质的层面看，自由是超越一般功利甚至是超越生死的一种价值，是人和一般动物的区别，是人最核心的特征。

相较于很多动物，人类非常脆弱，但是人类的独特优势就在于人类拥有更多选择的自由。很多动物在刚出生的时候，远远比人类强大。一只小鸟刚出生24小时，就能从很高的地方跳下来，也不会摔伤。刚出生的小鹿，几个小时后就可以跟着妈妈在草原上行走。因为上苍赋予了它们一种强大的生命本能。相比之下，人类的幼年期则很长，而且这期间人的自我保护能力也很弱。但是人类终究还是强大的，因为上天赋予了人类自由。强大的本能在保护动物的同时也限制动物发展的可能性，而人类则不同，人类的生命拥有更多的可能。一万只普通动物可能会有着相同的命运，而一万个人却极有可能拥有截然不同的人生。这就是人类独有的尊严与强大。

从这个意义上说，人存在的意义就在于用自己的选择和努力创造无限可能，这是我们来到这个世界的目的，也是我们真正活过的标志。我们都追求活得好，但是前提在于我们得真的活过。还记得电影《楚门的世界》吗？有多少人如同电影里面的主人公一样，活在一场别人安排的真人秀里面。还好，最终他克服了恐惧，推开了那扇具有象征意义的门，进入了现实的世界。之后电影就结束了，因为以后的生活是好是坏已经不重要了，无论如何，那是真的生活了。

想象一下"海阔凭鱼跃，天高任鸟飞"的画面，美吗？所以陶渊明才会在诗中写道："羁鸟恋旧林，池鱼思故渊。"这就是自由，是人应该拥有的生命感受。

3

自由与独立关乎世俗，也关乎神圣，异常重要。同时，自由与独立既关乎个体灵魂的选择，又关乎群体的利益，如何平衡并不是一件容易的事。

思想家卢梭在《社会契约论》中说："人是生而自由

的，但却无往不在枷锁之中。"思想家严复在翻译西方政治学名著《论自由》时将书名翻译为《群己权界论》，他认为自由的关键就是要处理自己和周围群体的关系，从来都没有无限制的独立与自由。

学者周国平说："灵魂只能独行。"然而人类存在的逻辑前提就是人类的社会化存在。生活在一个群体之中，我们就会有角色，就会有责任。于是个体纯粹的自由和角色应该承担的责任就会产生纠结与冲突。

我们应该如何处理这样一种冲突呢？

首先，我们需要去掉假冲突。就如同少年时的哀愁大都是"为赋新词强说愁"，成年人世界里的所谓的纠结有很多也是假的纠结，因为很多人缺少真正的反思。就如同《菜根谭》中所云："世人为荣利缠缚，动曰：'尘世苦海。'不知云白山青，川行石立，花迎鸟笑，谷答樵讴。世亦不尘，海亦不苦，彼自尘苦其心尔。"当我们忽视自己内心的真实感受去循着世俗的惯性追逐荣华与利益的时候，我们自然是痛苦的，得不到固然痛苦，即便得到了，静下心来想想，也觉得有些无趣，只是无法对别人倾诉罢了。

想起秦朝丞相李斯，生命的前期也是叱咤风云，可后期为了权力辜负秦始皇的信任，与赵高、秦二世狼狈为奸，最终被赵高害死。临死之时，他对与自己一起赴死的儿子说，我想再和你一起回老家，牵着黄狗出东门抓野兔，估计是不可能了。当我读书看到此处时，心中五味杂陈，一言难尽。

对于寻常人来说，生命中或许没有这样的大起大落，但是我们确实要认真思考：哪些是自己真正想要的，哪些是自己必须承担的责任，然后去承担自己应该承担的，去追逐自己内心想要的。这样走下来，我们吃的每一份苦都清楚明白而且值得，这也算不错的人生。

其次，我们需要想办法处理真实的纠结与冲突。如果承担责任真的让我们疲惫，内心对于自由的渴望与社会角色带给我们的约束产生了对立，我们该怎么办呢？这真的是个难题，古往今来很多人都被这样的问题困扰，也似乎确实没有一个固定的答案。我只能说说我个人从读书和生活中获得的理解与体会。

面对冲突，很多人会选择躲避与逃离。躲避责任，或者封闭自己真正的感知，这是不可取的。躲避所换来的宁静与自由可以抚慰你一时，但无法让你一生平静。我们应该选择的还是如阳明先生所说：事上磨炼。在学习与生活中去深刻地理解责任，叩问自己内心的选择，然后将责任、自己的选择结合起来去增增减减，逐渐平衡，最终统一在自己稳定的意志中，不再纠结，拥有了真正的平静与从容，获得真正的自由。这是一场生命的修行。一旦达成这样的境界，我们就会在尽责的过程中享受自由，在尽责的过程中体验到内心的宁静，在随心所欲的过程中却没有对社会造成伤害，那会是一种极致的幸福。

圣人的人生或许也就是如此而已。子曰："吾十有五而志于学，三十而立，四十而不惑，五十而知天命，六十而耳顺，七十而从心所欲，不逾矩。"

孔子的一生也是学习和修行的一生，确定人生方向，三十岁相对独立，持续精进，在七十岁时获得了真正的自由。一个方面，随心所欲；另一个方面，不会超越规矩。这是一种完美的平衡。

在尽责的过程中体验幸福，在承担的过程中体验到自由，因为一切都是自己真正的选择，这是一种美好的人生境界。比如，此时你的老师们，他们引导督促你们落实好假期的安排，为你们准备线上课程，这些都会让人感觉到疲惫，然而这就是职责所在，这也是教育者的价值所在。

因为承担而快乐，因为承担而体验到真正的、更高层次的自由。也希望在接下来的学习生活中，大家能够去思考自己应该承担的责任，去听自己内心最真实的声音，和自己的慵懒的惯性去搏斗，去体验真正的自由！

愿你们都能够在自立与自律中感受到自由与自尊。

大家加油!

依然推荐两部电影:《勇敢的心》《楚门的世界》,有机会可以看看。

教育的可能

2020年春节,新冠疫情暴发,眼看开学无望,学生居家学习势在必行。这为我和学生们讨论"独立人格"提供了契机。再者,现实层面,我们也需要引导孩子们合理地利用好突如其来的时间和自由,这也是他们感受与体验"自主与自立"的绝佳机会。因此我给学生们写了一封长信,分两次发给了他们。其实效果如何我也没有底,但终究这是一次应该把握住的机会。

假期的意义

——关于假期生活安排的一点思考

假期是什么？假期的意义是什么？假期该如何过？

这几个问题不去思考似乎也不会影响什么，假期照样有，照样过，日子一如既往的平静开心。有"词"为证：

约三五好友，携家人，山清水秀处，一探。
儿童瞎闹，女人闲谈，男人喝酒掼蛋侃大山。
若有烧烤相伴，更是了无遗憾，堪称逍遥神仙。

开心余，拍照是重点，发个朋友圈，炫炫行程，不忘美颜。时时求关注，处处点赞。倘若点背，遇上堵车，人困马乏，一片混乱。再发朋友圈，吐槽流逝的时间。最可怕处，明天上班，生无可恋。

一旦去思考这个问题，好像又没有明确的答案。

大家或许会觉得我哲学出身的毛病又犯了，小题大做，把一件简单的事情搞得过于复杂。英国外交家，曾担任过爱尔兰总督的查斯特菲尔德对他儿子说："所有的人都是平凡的，有些人因知道了这一点而成了非凡的人。"如果套用这句话，是否可以说："假期是平凡的，但是我们如果去真正认识它，它就会变得不平凡。"我们和孩子可以拥有更有意义的假期，充实而又闲适，轻松而不放纵，假期之后上学上班可以丝滑衔接，没有不适感。

1

我们来探讨一下假期的相关问题。侧重点是站在师长的立场来关注孩子们的假期应该如何安排。

假期的对面是什么？当我们不了解一个事物的时候，不妨给它找一个参照物，就会发现这个事物在对比中慢慢清晰起来。

和假期相对应的是上学日和工作日。相对于工作日或者学期的忙碌，假期是一个需要放松调整的日子。就如同这个世界有昼夜晨昏，都是天道自然的安排。因此，假期就要做好充分的休息。一张一弛，文武之道。

很多家长也认同假期应该休息，但问题在于，孩子们往往将休息变成了肆无忌惮的放纵，失去了正常的作息，假期作业也只在假期最后几天突击完成。开学后，很多孩子都会有不同程度的开学综合征，会花很多时间和精力来调整学习状态。这样的问题自然是需要去干预处理的。

孩子假期状态不稳定的背后是其生命意志的不稳定。假若有了稳定的生命意志，生命的目标就会稳定，而追求目标的行动自然也会稳定。从这个角度来说，学期也好，假期也罢，都是自己生命中重要的日子，都应该为自己生命目标的实现而努力。而生命意志不稳定的背后是孩子独立人格的不完善，因为独立人格的不完善会导致自律不足，进而出现过度的放纵与懈怠。

所以问题转变成了独立人格是否完善。一般说来，两个方面的要素会影响到孩子的独立人格，一个是孩子的天性与不同成长阶段相互影响，大概率是，孩子独立人格会随着年龄的增长逐步完善。另一个是亲子关系与师生关系的状态，长辈过多的安排与干预会影响到孩子独立人格的完善，过多的他律会导致自律的缺失。

问题再度转移到亲子关系和师生关系的状态，因为这是影响孩子独立人格的重要因素。

　　师长喜欢过分干预和安排孩子的成长，是有原因的。师长爱孩子，因为爱而为孩子多些谋划安排是正常的。再者，师长的安排在某些阶段会呈现出极高的教育效率，因为师长的理性与智慧要远远胜过孩子，他们的安排出于爱，而且也不乏理性。对具体事情而言，我们似乎找不到阻止师长们为孩子安排谋划的理由。但是当我们跳脱出来看的时候，才会发现师长过度安排的局限与弊端。

　　首先，我们没有能力安排孩子一辈子，而且，在我们的安排下，孩子内在的驱动力和自己处理问题的能力都会受到局限，后续必然乏力。毕竟生命是一场马拉松，外部的推动只能是一时的，而不可能是一世的。

　　再者，我们还需要从精神感受的层面来思考问题。一个人就算拥有再多光环，可假若这些都是外部推动的结果，这个人不会有真正意义的幸福感与成就感。每个人都有权利活出自己的人生，人生的精彩在于走在自己选择的路上，去感受人生种种喜怒哀乐，而不在于被人安排在一个完美无缺的剧本里。没有自我的空洞与虚无是难以承受的痛。

　　所以如果各位师长过度安排孩子的人生，孩子就会缺少独立人格，缺少自律，进而无法很好地完成自我管理与自我安排，假期生活自然也不会例外。如果我们在理性思考后试图调整，就会发现，其实假期也是培养孩子自我管理进而促进他们独立人格形成的大好机会。

所以在假期的安排中，师长们要多尊重孩子们的意见，让他们多些自主的安排，假若孩子有不甚周全的地方，我们要多些温和的陪伴与交流，少一些生硬的指责与无名的火气。

超越假期，对于孩子的一生我们也应该如此。生命的发育是诸多维度在不同阶段的持续成长，我们不能因为主观的意志将孩子完整而连续的生命窄化割裂，从而抑制了生命的真正发育。比如说，在十八岁以前，我们将孩子的生命窄化为学习，告诉孩子，你现阶段的任务就是学习，考上大学后，你就自由了。这样的窄化与割裂会带来两个明显的恶果：考上大学后，孩子就开始躲避学习，然而，学习原本应该是一生一世的事情，也只有终身学习，才能真正成就一个生命的辉煌；其次，孩子除了学习以外，在其他方面会有明显的缺陷，他们可能不会做家务，也不关心身边亲人的感受，也不知道如何和异性良好地相处，而这一切都是一个生命要想获得幸福的关键所在。然而，这些基本的维度因为我们人为的干预而失去了成长发育的过程，都夭折了。因为我们的过分干预，孩子的生命只剩下了单薄的几个维度，更可悲的是，就连这几个维度，可能也不再具备持续发展的可能了，因为孩子们彻底厌倦了，哀莫大于心死。

2

相对于学期和工作日，假期还要实现良好的休息。何谓休息？这又是一个出乎意料的追问。还是在对比中去体会休息的真正内涵吧。此处的"休息"我们着眼的是师长和孩子共同的休息安排。

学期和工作日最大的特征就是忙。

面对着学习和工作，我们会无力关注甚至忽略掉很多学习工作之外的同时又异常重要的事情，比如说我们的家人，比如说那些美丽的景致。

学期和工作日很忙。有人解释"忙"为"心亡"，甚是有理。梁启超曾经对他儿子梁思成说："我怕你因所学太过专门之故，把生活也弄成近于单调，太单调的生活容易厌倦，厌倦即为苦恼。"的确如此，单调的程式化的事务性工作容易让人异化为一个工具，从而失去心灵的活力与温度，像一株慢慢枯萎的花。人和工具是有区别的，工具可以改造世界，却不能感受这个世界，而人在改造世界的同时也可以体验这个鲜活的世界。

了解了平时的忙，我们就明白了怎样摆脱忙，去实现真正的休息，这也就是假期的意义了。

假期里，我们需要去关注那些平时被我们忽略了的重要的事情。我们要去陪陪家人，我们需要去看看外面的世界，看看那些美丽而我们却未曾关注的景致。我们需要滋养一下自己的心灵。

进而言之，这两件事情其实是一件事情，就是要不辜负自然的恩赐与上天的安排，用心陪伴家人，用心去感受物候的美好，滋养自己的心灵。

成年人是这样，孩子何尝不是如此。在周而复始的学校生活中，孩子们很累，同时他们也因为学业忽略了很多美好的人和事。他们开始和爷爷奶奶、姥姥姥爷疏远，和父母疏远，和自然与运动疏远。这样一种疏远让老人感觉到孤独与落寞，更重要的是，这些疏远也开始让孩子原本鲜活灵动的心灵变得麻木无感，他们慢慢失去了爱的能力，也逐渐失去了感觉爱的能力，他们的冷漠与自私让我们痛苦，但我们是否想过，其实他们的内心也是冰冷的。

我们就这样冰冷地活在一个原本美丽而鲜活的世界里，这是我们自己导演的最大的悲剧。我们应该做些事情来改变这一切。办法还是有很多的。

和家人到户外去走走吧，用心感受一下自然，和孩子家人聊聊天，如果没有什么特别想说的，就安静地坐着，看看夕阳，或者随意地走着，慢一步，看看家人的背影，想想我们一起走过的时光。感受不需要特别的智慧，只是需要把我们放空，交给大自然，交给家人。

清朝人张潮在《幽梦影》中有云："楼上看山，城头看雪，灯前看花，舟中看霞，月下看美人，另是一番情景。"大家不妨尝试一下，看看是不是别有滋味。其实，没有楼上山、城头雪、灯前花也无妨，与其说张潮在描述景致，还不如说他在表达一种文人的雅致的生命态度，真正的景致由心而生。

大家都把手机收起来，没有手机的干扰，一切的注意力，就在那个人身上，就在那风景上，真正用心看了，随处都是风景，在被风景触碰的同时，我们的心灵也在慢慢苏醒。

大家也可以选择一些博物馆或者人文类的旅游景点。此类出行的核心其实也是对话。用心和艺术家们对话，和我们敬仰的前辈对话。孟浩然说："人事有代谢，往来成古今。江山留胜迹，我辈复登临。"所有的人文景点的背后都是前人所留下的美好的痕迹，他们也就活在这些痕迹里等待后来人。

对话需要有一个小小的准备，所以在出行之前，我们需要花点小小的时间来做一下准备，这个准备是衣食住行方面的，更应该是意义和价值层面的。如果没有事先的准备，我们就很难在现场产生强烈的情感体验。最典型的就是名人的墓地，外表看来，都是坟包一座，黄土一抔，没什么大的差别。

有多少准备，就会有多大的心灵撞击力。前面提到的那位英国外交家查斯特菲尔德在给儿子的信中说："旅游，要看古迹，比如那些建筑、绘画、雕塑等，但更要看这背后的人的性格思维。你在参观了丘比特神庙、梵蒂冈万神庙等名胜后，一定要花上不啻千百倍观赏的时间去思索其政府的本质、教皇制度的兴衰，以及宫廷政治、红衣主教的阴谋活动、枢机教团的勾当……"只有思考，才能让我们的心在旅行中与更大的时空碰撞，我们才会超越眼前的局限，进而有一个不一样的生命可能。

当然，家人的相聚应该是假期里最重要的事项之一。关于这一事项，有几个小的想法：

我们应该尝试着让孩子做家庭的假期安排。每个人都不喜欢被安排，却又都喜欢安排。我们成人习惯了安排，不妨试着给孩子一个机会，根据孩子的年龄与实际情况，来决定他们的相关权限。在安排中，孩子们会有一些不一样的感受，同一个景点，同一个行程，被人带着和带着别人是两个概念。

我们应该布置给孩子一个常规的任务，就是为老人挑选或者制作礼物。这是家人相聚中最常态的任务。孩子们需要被提醒，对老人家的爱是需要表达的，而且表达方式可以新颖而独特。

最后，想跟大家说的是，我说的这些，我做得也不是很好，但是我想我会去调整，让我的行为更加符合我内心的声音。希望大家也是。

祝大家假期愉快，一生愉快！

教育的可能

假期生活安排是教育中一个常见的痛点。而假期也是亲子冲突的高发期。

虽然假期中应该休息，但是孩子休息应该有度，要在假期中保持学习状态。当孩子在假期中所呈现出来的休息变成超越正常限度的懒惰和放纵时，矛盾就产生了。

其实，假期孩子生命状态不稳定的背后还是独立人格问题，而假期其实也是培养孩子独立人格的好机会，关键是家长朋友要能够明白背后的逻辑，懂得一些基本的操作办法。当然，假期并不仅仅是属于学生的，我们作为成年人，也要好好地安排自己的假期，给孩子一个榜样。当我们成年人假期后上班没有"上班综合征"的时候，我们才更有资格更有智慧来引领孩子。

教育天生是长期主义的

谈完独立人格，我们聊长期主义。

十年树木，百年树人，教育天然是长期主义的。教育的过程和教育的评价都应该坚持长期主义的标准，只有如此，教育才能够摆脱眼前的功利与局限，才能开阔雄浑，为孩子的一生去提供助力与滋养。

坚持长期主义道路，很多的事情就会不言自明：

于一生而言，健康的身心是幸福快乐的基础。

相对于单纯知识的积累，良好的习惯与思维品质就更加重要，因为这些方面可以持久而全面地影响孩子。

面对流淌的时光，我们对未来的敏锐就很重要，因为孩子会生活在未来。

……

然而，人生活在尘世中，容易被眼前的小利诱惑，也容易被周围的环境和潮流影响，故而坚持长期主义并不是一件容易的事。如果没有持续的理性思考和战略定力，我们就会左右摇摆，甚至会走向功利和短视，让我们的教育行为产生偏差。

教育，关乎个体生命之完整，国运之兴衰。为人父母师长，我们需要有"战战兢兢，如临深渊，如履薄冰"的敬畏与谨慎，坚守正念与正行，方能不负我们的下一代，也不负自己。因为在中国人的信仰中，孩子是我们肉体生命和精神生命的延续，我们和孩子共同构成的"人生代代无穷已"才可以帮助我们摆脱个体生命的局限，坦然从容地面对"江月年年只相似"。

根本上，我们与孩子的灵魂是各自独立的，但同时我们又有合体的一面。有意思的是，这样一种信仰似乎也带着长期主义的味道。

避免刻舟求剑，力求亡羊补牢

"百年大计，教育为本。""十年树木，百年树人。"这些耳熟能详的话不仅是在提醒我们培养人才的周期很长，更是在说：评价教育效果不能够只关注眼前的指标与数据，而是要看我们培养的人是否能够适应未来的时代，是否能够自立并推动社会的进步。

所以说，教育者在育人的过程中一定要保持一份前瞻性，因为我们是在应对未来的挑战。在急剧变化的时代里，教育者需要保有一份敏锐，去努力觉察时代的变化，并依据变化及时做出调整。

我想这份敏锐可以包括两个方面：避免刻舟求剑，力求亡羊补牢。

先说第一个方面，避免刻舟求剑。主持人马东将"刻舟求剑"这个成语诗意地解释为："我们常常只记得自己在船上，却忘了自己也漂在河里。"当我们拘泥于船上的记号时，或许轻舟已过万重山。时代在变化，教育也应该随着变化而做出调整。教育者不能将自己封闭于旧的标准之中而不自知。当世界的变化已然是天翻地覆，而教育领域却是波澜不惊，教育的观念、内容与手段没有任何的调整，这是一件很可怕的事。让我们来梳理一下人类历史上的大变局以及其中教育的调整。

在东西方的农耕时代，技术进步非常缓慢，人类面对自然的竞争，主要依靠自身的凝聚所带来的力量。所以教育的内容以伦理规范为主，比如东方儒家的伦理道德与西方的基督教伦理；教育非常小众，可以说是以精英教育为主；教师的地位比较神圣，因为有形而上的神圣力量做背书，儒家伦理的背后是天道，基督教伦理的背后是上帝的安排。

这个时代的教育不怎么关注世俗技术的进步和财富的积累，甚至对其是一种疏离和贬低的思路。在中国的传统社会，那些技术通常会被视作"奇技淫巧"，而在西方，耶稣也说过这样的话，财主进天堂比骆驼进针眼都困难。后来东西方在提倡技术进步、鼓励财富积累的时候，如何去创造性地诠释传统理论并以此消解其对社会发展的阻碍都是一个很重要的工作。

当然这样一种教育的整体模式是与时代相匹配的，在逻辑上是圆融的。在时代没有发生变化的时候，这样一种稳定就不会被打破。然而，当时代开始发展变化的时候，社会便会对教育提出新的要求，如果此时的决策者和教育者缺少敏锐的觉察力，依然故步自封，刻舟求剑的悲剧就发生了。

在鸦片战争初期，大清国面对西方工业革命的成果洋枪火车以及坚船利炮时，依然沉浸在"天朝上国，万邦来朝"的美梦之中，这背后的麻木与无知可见一斑，后续的悲剧也就是自然而然的事了。

人类社会进入工业时代以后，工业大生产需要大量服务于流水线的技术工人，于是人类的教育发生了巨大的变化。课堂教学、分科授课、统一的教材、严谨而有序的时间安排，所有这一切组成了一条教育的流水线。客观地说，在当时当地，这是时代发展的需要，甚至可以说这是教育的进步。这样的教育模式是国家主导的大众教育系统，这个系统为工业时代提供了大量的技术工人，推动了时代的进步。在这个时代，教育的重要内容转换为科学技术，教育的世俗性和功利性开始凸显，当然，此时教育者的师道尊严和之前的时代自然也完全不一样了。

这样的教育模式又会带来一系列的辐射影响，很多时候，影响甚至会超出我们的想象。举个例子，在班级授课的教育模式下，教师传授，学生倾听，学生获取一些固定知识的效率会很高。于是，我们对于学生的注意力集中就有了很高的要求。而对于那些注意力不够集中的孩子，我们就会觉得他们存在着问题，他们需要调整。

教育者肯·罗宾逊在他那流传很广的 TED 演讲中提到这样一个数据：在美国，据说有百分之十的孩子被确定为多动症。对此，罗宾逊说："我不否认存在多动症这样一种病症，但是如果说这么多的孩子都存在多动症，那么我想说关于多动症的诊断标准应该出了问题。"

对于罗宾逊的观点，我深以为然，我们对于孩子的评价有着相对稳定的标准，而这个相对稳定的标准又来自时代发展的具体需要。对于这样一个逻辑，我无意反对，但是当时代已然发生变化的时候，我们是否应该反思甚至是质疑曾经的标准呢？

现在人类社会已经进入了后工业化时代，信息技术和人工智能的发展日新月异。毫无疑问，教育需要进行改变，只有改变，我们所培养的孩子才能够勇敢而自信地面对未来的挑战。那么，我们该如何改变呢？我想，这个问题并没有统一的答案，大家都在探索之中。在众多的探索中，有些思路是值得去关注的：

我们需要关注学生搜集、整合、处理信息的能力；学生的个性需要被充分尊重，个性也是资源；在普遍关注技术进步的同时，我们也需要关注学生价值观的养成，这是为了保证社会发展的方向。情怀也是生产力，技术是为情怀服务的；我们要关注学生的批判性思维的养成……

其实，问题的关键并不在于我们确定了一个标准的教育模式，模式本来就是在变化之中。关键在于我们教育者要保持独立思考的习惯，我们要求学生学会质疑，自己就必须先学会质疑与批判。

作为教育者，我们需要注意时代的大变局，从而做出回应。同时，我们也要关注身边微观环境的变化，从而基于变化做出调整。和很多家长朋友沟通教育的时候，经常会碰到一些比较固执的家长，其中的大多数还都是高知，沟通的过程会很辛苦，而且效果也不是很好。

这类家长的共性在于他们喜欢在儿女的身上去复制自己相对成功的成长模式。应该说，这样的思路有着很强的合理性，毕竟，经过实践检验的模式是更让人放心的。但是，这样的做法有两个点需要注意：

第一，孩子和自己是两个不同的人，虽然遗传的力量很强大，但毕竟还是两个人。

第二，孩子的成长环境和自己当初的成长环境是不同的。每一种教育模式都要和具体的环境相匹配。从表面上看，我们都生活在同一片蓝天下，但事实上，教育之于不同的家庭有着不同的意义。对于某些家庭而言，教育最主要的功能就是要在短期内提升自身的社会地位，因此，在教育中最重要的事就是要通过良好的考试成绩去获取更多的教育资源和更好的发展机会，对于这样的家庭而言，考试成绩就是一切。但是对于另外某些家庭来说，他们需要更多思考的问题却应该是眼前发展和长远发展的平衡。概括说来，到底怎样的家庭应该采取怎样的教育策略，同样没有一个定论，关键依然在于家长要保持思考问题的意识，要注意到孩子生活环境的不同，不要简单粗暴地复制所有的经验。

培根说："读书不是为了雄辩和驳斥，更不是为了轻信与盲从，而是为了思考与权衡。"希望家长朋友能够更多地去思考与权衡，因为我们的决定会对孩子的未来产生深远的影响。

2

再分享一下亡羊补牢的意思。

时代在发展进步，但是我们不能一味地沉浸在进步带来的幸福与喜悦之中，总得有人学会去冷眼旁观，而教育者应该在这群人之中。我们需要敏锐地发现在时代进步的同时所出现的问题，并对这些问题做出应对。否则，这些问题可能就是我们发展道路上一个又一个的坑。

随着时代的发展，我们的食物越来越富足，我们的交通越来越发达，信息沟通越来越便捷，医疗水平在提高……但是与进步形成对照的是：人们的幸福感似乎没有获得同步的增强，甚至，大家活得越来越焦虑。

为什么会这样呢？我们认真梳理人类的发展历程，或许从中能够找到部分的原因。

从农耕时代到工业时代，我们的技术获得了长足的进步，但是人与自然的联系被弱化了，传统的家族聚居开始解体，大量的人们尤其是年轻人涌入城市，小家庭和大家庭的关系被弱化了。我们将自己囚禁在钢筋水泥的建筑里，邻居也变得陌生而遥远；而当后工业化时代来临的时候，人与人的关系直接被弱化了，手机成了我们最重要的伙伴。很多孩子在虚拟世界里活出了真实感，而在真实的世界里却活出了虚拟感。

不能否认，时代的进步给我们提供了很多的满足，让我们很是愉悦。但是很多的愉悦，比如说食物、游戏、网络购物等，它们在短时间内极度刺激感官，却很难持久，满足之后往往会是落寞与空虚。于是在这样一个节奏很快的时代，我们会渴望那些清淡的欢愉，就如同木心所描述的那样："从前车马很慢，书信很远，一生只够爱一个人。"就好像苏轼词中所描述的"人间有味是清欢"。

当然，我们不能仅仅停留在感性认识的层面，还需要继续深入反思，为什么这些关系的弱化会带来负面的影响呢？

我想，问题的关键可能在于下面这个结论：

人类的幸福与强大建立在人与自然，人与人，人与自己的心灵的紧密联系上。这个结论是《人类简史》一书的核心观点的适度延展，我深信不疑。

所以说当技术的进步不但没有强化这些联系，反而让这些联系疏远的时候，我们要学会警惕，更需要反思，或许我们没有处理好人与技术的关系。

回到解决问题的路径，我想，路径就是要强化或者是重建这些重要的联系。我们的教育需要引领学生去关注自然，关爱身边的亲人，去关照自己的灵魂。

回归到中国的文明史，我们会发现，中国人"性本爱丘山"，中国人"老吾老以及人之老，幼吾幼以及人之幼"，中国人会"举杯邀明月，对影成三人"，原来这就是人的生命的自然状态。有时，回归竟然是最好的创新，很好玩的一件事。

希望我们不要刻舟求剑，都能力求亡羊补牢，活得明白而开心。

教育的可能

教育是长期主义的，我们要从大时空的角度去看待教育的意义，去思考权衡教育具体的过程。和一些同行与家长聊起这个观点，大家大多也都认同，然而一旦进入实际操作的层面，往往还会出现偏差。问及原因，大概有二：

其一，我们常常会被眼前的利益迷惑，被自己的经验与惯性束缚，于是，很多判断就出了问题，教育行为也就会出现些许的偏差。

其二，心中只是朦胧地觉得长期主义是对的，但是到底背后的逻辑是什么，好像也说不清楚。究其根本，还是道理没弄透。

于是，我想结合自己的教育体会，从大时空的角度来梳理下人类教育的演进过程，希望能够带给大家一点启发。

坚定行动的誓愿，是一切教育的开端

任何事情的成功，都需要建立在理性思考基础上的誓愿，教育亦不例外。

之所以会有这样一个论断，是因为读到日本著名企业家稻盛和夫先生在其著作《活法》中的一段论述，这段论述引发了我的共鸣，虽然我不是一个企业经营者，但我发现，稻盛先生的体悟对于教育领域同样适用。

现将稻盛先生书中的原文摘录如下：

四十多年前，我第一次有幸聆听了松下幸之助的演讲。当时松下先生并没有像后来那样被神化，我也不过是一个无名中小企业的经营者。

松下先生在演讲中讲到有名的"水库式经营"。一旦下大雨，未建水库的河流就会发大水、产生洪涝灾害；而持续日晒，河流就会干涸，水量就会不足。所以，建水库蓄水，使水量不受天气和环境的左右并始终保持一定的数量。经营方面也一样，景气时更要为不景气时作好储备，应该保留一定的后备力量。

听了这样一番话以后，聚集着数百名中小企业家的会场里，不满意的声音像波浪一样传播开来，但坐在后方席位上的我听明白了。

"说些什么呢？不正因为没有储备，大家才每天挥汗如雨、恶战苦斗的吗？如果有储备，那么，谁都不用这样辛苦。我们想听的是如何去建造这个水库，而你再三强调水库的重要性，又起什么作用呢？"

会场里到处都能听到这样的牢骚或交头接耳的声音。演讲终于结束，到了答疑时间，有个男士站起来不满地提出质问：

"如果能够进行水库式经营当然好，但是，现实上不能。若不能告诉我们怎样才能进行水库式经营的办法，那还值得说吗？"

对此质问，松下先生温和的表情中露出一丝

苦笑，沉默了一会儿。然后解释道："那种办法我也不知道，但我们必须要有不建水库誓不罢休的决心。"此时，全场哑然失笑。几乎所有的人都好像对松下先生不是答案的答案感到失望。

但是，我既没有失笑也没有失望。相反，我受到似乎像电流击穿身体似的大冲击，既茫然若失又惊叹不已。因为松下先生的话对我来说简直就是真理。

"誓不罢休"——松下先生的话告诉了我"誓愿"的重要性。修建水库的方法因人而异，不能千篇一律地告诉他人如何做。但是，首先必须树立信心修建水库，松下先生一定是想说信心是一切的开端。

稻盛和夫先生是个真的智者，他体悟到了松下幸之助先生的智慧。最终，他也成了"经营之神"。

成功的人或许会呈现出不同的做事轨迹，但是他们一定会有一个共同点：有一个"誓愿"。相反，很多人之所以失败，并不是因为他们没有能力和方法，而是因为他们缺乏不达目的誓不罢休的坚定与决绝。

如果一个人想做一件事，就会寻找一百个方法，如果不想做，就会去寻找一百个借口或者是理由。所以很多时候，问题的关键往往在于想不想做一件事，而不在于会不会做。

和大家分享两个故事，一个关于学生，一个关于家长。

很多年以前，我的一名学生在初三"一模考试"中某个学科的答题卡填涂出现了问题，结果选择题分数为零，如果没有这样的错误，那科的卷面成绩应该是满分。

我很生气，也为他感到遗憾。但是这个学生却觉得没什么，他甚至觉得自己是个带有悲情意味的英雄，很酷。或许他也有些遗憾，但他真心不觉得涂错卡这件事有什么大不了的。

故事的结局是，中考他还是出现了小问题。

再分享一个关于家长的案例。

在和一些家长朋友进行沟通交流的时候，经常会遇到他们类似的求助："我们家的孩子很聪明，就是太马虎。考试的时候粗心大意，发下卷子，就发现其实那些错的题都会，只不过不是算错了数，就是忘记了检验……"家长朋友在提问的时候，往往还是一副深感遗憾、急躁万分的神情。

最初的时候，我很年轻，经验尚浅，总是会和家长产生一种强烈的情感共鸣，觉得自己的专业功底可以发挥作用了，于是开始介绍具体的干预措施……口若悬河，滔滔不绝。沟通结束后，感觉信心满满，存在感爆棚。

用不了多久，我就发现，对于很多家庭来说，问题并没有明显的改善。后来，逐渐成熟的我慢慢就明白了原因所在。

有些家长朋友从心里就不认为粗心大意是一个很大的问题，甚至他们潜意识中还会认为马虎的孩子都很聪明。在我和他们交流的时候，发现大多数的家长朋友都能接受孩子马虎这一弱点，但是往往都不能接受自己家的孩子天赋不如其他孩子这样一个事实。其实，每个孩子都有自己独特的天赋，只是分布在不同领域，而人与人的真正差距在于态度与习惯上，习惯和态度的差距才是致命伤。如果家长朋友能够意识到并发自内心地重视相关的问题，事情也就自然会得到解决。

通过这两个例子，大家可以看到，如果没有发自内心的"誓愿"，事情就不容易成功。

那么，为什么有人会有"誓愿"，而有人就缺少"誓愿"呢？对于子女教育这等重要的大事，父母又怎么会没有"誓愿"呢？形成"誓愿"的关键又在哪里呢？

我想，问题的关键在于独立而理性的思考。没有真正的理性思考，又怎么可能会有发自内心的"誓愿"？没有从自己内心流淌出来的真挚的生命感受，便只能够人云亦云，随世俗浮浮沉沉，爱与恨都没有力量，因为所谓的爱与恨都缺少真诚。

让我们再回到稻盛先生的经营哲学。稻盛先生认为作为一个经营者，首先是要明确事业的目的和意义，要树立光明正大的、符合大义名分的、崇高的事业目的。

其实我们每个人也都是经营者，企业需要经营，人生同样需要经营。比如前面提到的我的学生，如果他意识到自己人生意义并不是简单获取一个满意的分数，而是为了提升、完善自己从而能够更好地自利利他，那么他就不会有那样的浮躁轻狂。当然，对于一个初中的学生而言，我们的要求或许过高，但是人生的方向的确应该是如此。

对于很多家长朋友来说，如果我们认真思考教育的意义，去梳理对孩子的真正期待，就会发现，或许很多原本令自己焦虑的事其实并不重要，相反，很多自己不甚在意的事倒是需要下点功夫，多多关注些才好。

对于我们教育者而言，如果将教育的意义界定为单纯帮助学生获取良好的学业成绩，那么我们的教育行为就会变得很有局限性，我们的心中就会缺少崇高感，教育就会缺少力量。

或许有的朋友还会有疑问，大家不是不思考，而是缺少知识和阅历，因此，我们没有思考问题的能力。

对于这个问题，我想还是回到稻盛先生的经营哲学中去找答案。稻盛先生说，他的"经营十二条"有一个基本的立足点，这个立足点是一个追问："作为人，何为正确？"而答案，就在我们自己的心里。真正的思考就是真诚地面对自己的内心，去感受和判断。所以，我们每个人都有思考问题的能力。我们的问题在于习惯于从外部去获取答案，而忽视了一个简单的事实：答案就在我们的心中，我们的心具有觉察是非的能力。

作为家长，如果我们真的爱孩子，就需要重视教育，因为我们期望孩子在未来能够独立幸福地生活。因此，我们需要踮起脚来，眺望前路的方向，同时我们也俯下身子，去了解孩子，用他们所能理解的方式告诉他们未来的模样；我们要学会控制自己的情绪，心平气和地和儿女交流，因为当我们发脾气的时候，交流就变成了宣泄，孩子的关注点就跑偏了；我们要学会倾听，学会包容，因为孩子们的长大需要一个过程，而且这个过程有着自己的节奏与规律；我们需要尽可能地放下手机，去陪孩子玩耍，因为孩子需要陪伴，其实我们也需要陪伴。

但是，在现实生活中，我们会发现有些父母对子女的"爱"与"重视"都有点不走心，缺少温度与力量。做一个不恰当的比喻，就好像是一个拙劣的演员在扮演一个角色，没有自己内心对于角色的体悟，只是由着自己大概的感觉，循着大众眼中的角色内涵，表演得干瘪而没有力量。在更多的层面，他们大多还都由着自己的生命惯性，活在自己慵懒而舒适的节奏里。其实，他们并没有那么爱孩子，他们爱的是自己，爱自己的感受，爱自己的脸面。或许我们也不能苛责他们，因为他们觉得自己是爱孩子的，而且大家不都是这样的吗？

不知道是什么原因导致，但一个残酷的现实就是：这个社会中的有一些人基本上已经放弃了独立思考的权利，并逐步失去理性思考的能力。

当我们不再思考问题，不再拷问自己的内心，生命就会缺少人类的敏感与温度，没有热情，没有发自内心的渴望，只是如同接受特定指令的机器，或者是如同毫无生机的奴隶，这样的生命又怎么会有力量！

概括说来，我们一定要保持"做人何为正确"的追问与思考，通过思考，去确定我们事业的"大义名分"从而获得发自内心的强烈的"誓愿"。

如此一来，成功就是一件自然而然的事了。

教育的可能

在和一些家长朋友沟通解决某些问题的时候，感觉双方已经谈透了，也达成了共识，但是效果却不是很理想。后来我发现，很多家长朋友对于某些观念只是简单地接受，并没有真正的走心。然而他们并不是故意的，他们完美地骗过了自己。

行动的定力来自意愿的坚定，而意愿的坚定来自真正理性的思考，真正理性的思考来自对自己灵魂真诚的拷问。

为人师长者要反复而深刻地叩问自己的灵魂，我们到底怎样做才是为孩子好。我们的心知道答案，问题是要真正找到我们的心。

眼前的教育，不过是一场演习

——谈谈教育中的"欲速则不达"

《论语》中记载了这样一个故事。孔子的弟子子夏做了一个地方的行政长官，向老师请教为政之道，孔子做出了非常经典的回答。

> 子夏为莒父宰，问政。子曰："无欲速，无见小利。欲速，则不达；见小利，则大事不成。"

孔子认为，为政之道不能单纯追求发展的速度，也不要只盯着小的利益。如果单纯追求速度，反而不能实现目标，而追逐小利，则可能会影响全局而导致大事不成。

为政之道亦为师之道。"欲速则不达"，在教育中也是同样的道理。

教育要尊重孩子身心发育的特点，遵循教育规律，不能因为我们的主观愿望而刻意提速。然而现实却是，很多家长朋友和教育同行总是担心孩子会输在起跑线上，害怕一步赶不上，步步赶不上，总是处于焦虑之中。很多时候，这样一份焦虑甚至也蔓延到了孩子身上。

这样一份焦虑并不能带来好的结果，相反，会让事情变得更加糟糕。"欲速则不达"告诉了我们一个特别简单的道理：那就是如果我们过分追求速度，结果可能会适得其反。

但有的家长朋友认为：只要我们提前跑，就能甩开很多竞争对手，只要我们提前做，多做，就能超越甚至碾压身边很多人，上这么多课外班，最后我孩子成绩就是好；也有的家长朋友很是谦逊：笨鸟先飞嘛，我们家孩子笨点，所以早学点，多学点，有好处；还有的家长更是有理论依据："宝剑锋从磨砺出，梅花香自苦寒来。"要想超越他人，就是要多付出一些，没有人能够随随便便成功。

在教育中，我们需要引导孩子学会勤奋刻苦，这并没有错。但是"欲速则不达"是强调：当我们在教育中过分追求速度时会引发一系列负面的影响。

那么何谓"过分追求速度"呢？具体的判断标准是什么呢？很多时候，关键就在于分寸的拿捏。根据我的经验，教育中的"过分追求速度"主要有如下几个方面的特征：

第一，我们对于孩子的要求，超越孩子当前的承受能力，从而导致了孩子的厌倦与疲劳。

比如说，因天性使然，孩子在特定的年龄阶段会需要比较长的运动时间与游戏时间，但是我们却要求他们要坐定几个小时来学习，这就会让他们很是难受；我们所布置的任务远远超越了孩子的思维认知水平，他们就会感到很无力，很是疲惫；我们对于他们在行为规范方面的要求远远高于他们的社会化水平，他们就会感觉自己很难达到师长的期望，因而会有挫败感。

总之，当我们的任务设定超过了孩子的承受能力时，任务就会成为过重的负担，孩子们就会感觉到累，进而会导致一个寻常但又非常可怕的问题——厌烦。孩子们一旦厌烦，就失去了主动求知的能力。或许我们可以要求并强迫他们，但是我们又能逼到什么时候呢？逼到一定阶段，一旦外力放松或者消失，他们的求知就停止了，因为他们早就厌烦了。

孩子们固然获得了具体知识的累积，可能也达到了某些知识储备方面的要求，但是他们的学习兴趣没有了，这是一件非常可怕的事。学习兴趣的消失带给人的痛苦会是一生一世，绝非一时一日。

有时候我会思考一个很悲观的问题：在当下，有多少孩子认为学习是一件快乐的事情？又有多少孩子在大学毕业之后，依然认为学习是一件自然而然的事情？

学习原本就是一件自然而然的事情，它会伴随人的一生。我们会阅读，会行走，会在阅读与行走中去感受，去追问，因为我们的心里总会有无数个为什么，求知是人生命的一种本能。当我们能够呵护孩子的这一生命本能时，我们就会发现他们的进步会是一个自然而然的过程。

然而，在我们的生活中，很多人都把求知看作是一种获取某种资源的手段。玩命学，玩命考，成为第一名，父母会夸奖，同学会高看一眼；或者考上个好高中、好大学，将来有份好工作……所有这些都是把求知当成手段。这些人的成就终究是有限的。因为他们看不见自己生命内在的真正渴望，而只有外在的压力。

所以我们要呵护好孩子们求知的本能，就不要刻意追求孩子发展的速度。我们的期望和要求应该与孩子们的承受能力相匹配。

第二，过分追求速度，导致了我们往往只关注知识量的累积和知识难度的增加，而忽视了孩子学习习惯的真正养成和思维能力的提升。

在孩子成长的过程中，我们需要关注到知识量的累积，这个本身没有问题。问题在于知识本身是没有尽头的，庄子说"吾生也有涯，而知也无涯"，相信大家都明白这个道理。更何况，孩子在基础教育阶段所学的知识往往是相对陈旧的，这些知识很难在实际生活中发挥效用，更谈不上去改变人类的命运。那么为什么还要去学习这些知识呢？因为我们真正追求的并不是这些知识本身，而是通过这些知识的学习来引导学生养成学习习惯，培养学习方法，提升思维能力。而这些恰恰是真正支撑学生长远发展的核心力量。

砍柴挑水，无非妙道。学习具体知识是一个悟道的过程，而学什么并不是最重要的。基础教育阶段的教师的核心使命是通过传递知识来培养学生的习惯、思维方式、思考能力，这些东西才是最重要的。因为这些东西可以超越知识本身，可以超越学科，可以迁移到其他的领域中，可以影响到学生更远的未来。学习知识的过程，如同炖中药，到最后药材都已经变成药渣，精华都在那药汤里。

但是当我们带着急躁的情绪，快速地向孩子们灌输知识的时候，当我们把目光仅仅聚焦在知识量累积上的时候，我们就会忽视学习习惯、思维方式等这些真正有价值的东西，就好像我们吃了很多没有药效的药渣，的确获得了饱腹感，但是在药力的吸收方面却一塌糊涂。

学习中，学生通过单纯而机械地刷题，凭着一种庸俗的惯性可以获得解题的速度或者解题的正确率，但是他的思维水平和学习习惯却未必会有进步。在教学过程中，知识本身的落实固然重要，但更重要的是在落实知识的过程当中孩子习惯的养成和思维水平的长进。我认识的一位老先生曾经说过："基础教育阶段的老师，知识不深功夫深。"他的意思是说，对于基础教育阶段的老师来说，他们也需要学养的提升，但是更重要的是对于学生情感态度与知识结构以及思维方式的准确把握，因为只有如此，我们才能更好地培养孩子的学习习惯与思维方法。

当我们过分追求速度时，就会短视。我们会关注孩子的识字量，会关注孩子做题的速度与准确率，但却很少关注孩子是否能够收拾整理资料，是否能够反思自己错误的原因，是否会真正地倾听他人。于是，我们就会本末倒置，最终影响孩子的成长，出现"欲速则不达"的情况。

在实际教学中，我们经常会发现两类看似相反实则相关的案例：有的学生上了很多的课外辅导班，成绩也不错，但是学习习惯很差，支撑他优秀成绩的原因往往在于提前学习和大量的重复性训练，这些学生学习的后劲明显不足。而另外一类学生则是学习习惯良好，会听讲，善于改错，可能刚开始他们的成绩并不会很突出，但是到最后，这些学生的成绩往往都出类拔萃。这两类不同的学生共同体现了一个道理：习惯与思维方式非常重要。

第三，由于过分追求速度，家长过分急躁，最终导致亲子关系的紧张。这是一件非常可怕的事。

孟子提倡"易子而教"，这也是中国人的传统之一。孟子云："古者易子而教之。父子之间不责善。责善则离，离则不祥莫大焉。"意思是说，父亲不要直接教孩子知识，因为这可能会导致父子之间求全责备相互指责，从而伤害了父子关系。而父子关系的裂痕是最大的不祥。

反观现在的中国社会，很多孩子和父母打成了一锅粥：孩子觉得父母太过于狭隘，只盯住分数；父母觉得孩子不争气，将来前途堪忧。

概括说来，如果我们的教育缺少耐心与包容，过分追求速度，不顾孩子的身心发展特点，过分看重学业成绩，而忽视学生的全面发展，就会引发一系列的问题。而我们也会因此而付出难以承受的代价，那就是孩子成长的不顺利。为人师者，为人父母者，不可不慎。

教育是长期主义的，因为孩子要学会应对未来真实世界的挑战。而眼前的一切教育行为不过是一场演习而已，演习应该着眼于实效，而不是追求花哨的表象。

所以，在教育中，习惯、思维就应该超越具体分数成为更加重要的目标。因为，这些才是孩子面对未来挑战所需要的硬实力。当我们看不清这一点，将分数凌驾于习惯与思维之上的时候，我们的教育就会出现虚浮之气，挫折也就在所难免，这也就是"欲速则不达"。

所谓的课外班十有八九是祸国殃民

不好意思，这题目好像有点极端。不过我的一个记者朋友说，现在理性的话没人听，因为不过瘾，而且说得太全，大家没有时间，来不及听。

所以，我也就极端些了。在一个不靠谱的世界里，非要做一个靠谱的人，实在是太累了，我也放纵一把。

我见过很多看似很聪明，但事实上不怎么样的学生，这些学生大概率上了很多的课外班，比如说小明。

在数学课上，老师讲到一个很难的问题，大家都在努力地思索，小明很快地举起了手，一脸的得意。老师将小明叫起来，小明说："这个问题太简单了，用××公式就可以了。"看到同学们一脸的茫然，小明愈发的开心。老师接着问："为什么要用这个公式呢？这个公式是如何推导出来的呢？"小明回答："反正我知道就是要用这个公式。"言外之意，能够把题算对不就行了吗？

初二第一学期刚开学，老师讲物理课的起始课，小明总是在老师提问的话音刚落时就说出了答案，在老师和同学们惊讶的眼神中，小明有些不屑地说："这些在假期中我都已经学过了，太简单。"

大家可能会说，小明就是很聪明啊，为什么会说他事实上不怎么样呢？

原因有这么几个：

最明显的是他的学习成绩后期会有下滑，在初一的时候，小明的数学成绩很厉害，在班级中一骑绝尘，但是在初二下学期时，他就被很多过去不如他的同学给超越了。

更重要的原因是，小明表现得很是浮躁，学习潜力不足，而且，他也不怎么招同学喜欢，大家觉得他太嘚瑟。

小明上了很多的课外班，也累积了很多具体的知识。但是有几个方面很是糟糕：

第一，虽然小明的知识积累还算可以，但是在考试中却容易眼高手低，容易题失分，而难题也不能保证一定得分，因此成绩很难有理想的状态。

第二，小明习惯了在课下和假期里提前学习，因而上课时他的专注力并不够，甚至在课外班里上课的时候也未必专注，他所有的知识积累的背后都有着提前学习、抢跑的痕迹，也往往有着用大量时间投入来换取成绩的倾向。小明的付出和收入并没有成正比，他缺少一个良好的学习习惯和好的学习方法。进一步说，他和他的父母似乎不在乎什么习惯和方法，他们在乎的就是眼前知识的累积，就是眼前的成绩。

而很多课外班最喜欢做的就是承诺假期中在一定时间内讲完多少新的课程内容，他们就是为了迎合客户，而客户要的就是虚假繁荣，一个愿打，一个愿挨，别人也就是只有看看的份了。

第三，小明很在意成绩，过分在意结果，于是就很容易忽视过程。他总是把更多的注意力放在最后的定理或者结论上，而往往轻视推导这个定理的过程。因此，他的思维是比较僵化的，他的灵活更多建立在大量练习所形成的思维惯性上。很多课外班都有自己的秘籍，把大量的题目分成特定的种类，针对每种题型给出针对性的解法，而学生所需要做的就是在练习中形成条件反射，这样的题目这样处理，那样的题目那样应对。

其实给题目分类也无可厚非，但是这些分类应该建立在学生在学习和练习之后自己反思整理的基础之上。

很多课外班或者学校却不是这样，他们在学生尚未有自己的分析和总结的时候，就给他们一套所谓的公式或者秘籍，然后要求学生通过记忆与大量的练习来落实。他们认为效率最重要，或者说，眼前的效率最重要。其实，这么做就是在固化学生的思维，就是拔苗助长。

爱因斯坦在《物理学的进化》一书中曾经说："科学家读自然之书必须由他自己来寻找答案，他不能像某些无耐性的读者在读侦探小说时所常做的那样，翻到书末先去看最后的结局。"

学生的学习过程其实也是一个以未知者的身份去探究问题的过程，重复前辈的研究思路，最终得出一个理论，并在过程中获得了科学研究的情感体验和思维能力的提高。

然而，我们有的课外班的老师就是那些无耐性的读者，他们带领孩子只关注一个侦探故事的结局，却忽略了结局水落石出前的惊心动魄与荡气回肠，其实那才是孩子的思维真正得到锻炼的过程。

第四，小明并不热爱这些知识，其实这才是最可怕的。他最在意的是这些知识可以让他在课堂上表现出色，他可以超越甚至"秒杀"他的同学，这样一种感觉让他很兴奋，因此他把更多的精力放在了自我表现上，而不是知识本身。

这样的快乐形成机制是扭曲的，认为自己比别人强，所以自己很爽。小明是扭曲的，这个社会何尝不是扭曲的。如果没有一个个扭曲的家长，课外班怎么会有那么大的市场。我不相信很多课外班的举办者，因为他们不懂教育，我只能说，他们更爱钱。

既然家长喜欢自己的孩子上名校，喜欢自己的孩子能够成为自己人生中最闪亮的标签，那么就有人负责把孩子打造成最漂亮的标签，至于孩子是不是鲜活的，那不重要，因为，从来没有人为了保持孩子生命力的鲜活而付钱。

既然有人需要在鄙视别人中获得尊严，那么自然就有人制造鄙视与被鄙视的标准，也自然会有人在这些人为制造的标准中挣扎，同时破口大骂这个该死的时代。殊不知，很多事情都是自己心中的幻象，心中清朗了，幻象也就自然消失了。但是可怕的是，没有人去戳穿这个幻象，有能力戳穿的，要么需要这个幻象为自己谋取利益，要么就沉浸于自己鄙视他人的愉悦之中。于是，事情就是这样如同鲁迅先生所言：在淡红的血色和微漠的悲哀中，维持着这个似人非人的世界。

事实上，像小明这样的学生并不是最让人失落的。毕竟，他看上去还是聪明的。有很多的学生还比不上小明，在课外班里无所事事地混时间，而父母也只是在孩子的时间消耗与自己金钱的花费之后获得了内心的平静：反正孩子也学了，我钱也花了，也对得起他们了，学习再不好，没有好的结果，那就是我们没那个命了。"认命"成为很多家长的逻辑。有句话说"命是弱者的借口，运是强者的谦虚"，明明是自己有错，但是却会用命运来掩饰自己的虚弱，这是很多不成器的人的共性。

有人说，我不信课外班就培养不出一个有良好的求知欲望，有良好的习惯，有良好的思维品质的好学生。

我想，那非常难，一个年轻的学生，在学校里完成相应的学业任务后，还要进入课外班继续承受繁重的学习任务，然后他还能保持良好的生命状态与学习状态，我想他一定是个神人，这样的人有，但一定很少。而且这些孩子的状态往往也不是通过课外班形成的，而是更多和家庭教育有关。

在我的教育生涯中，生命状态与学习状态良好的孩子有一些，情况大多是父母比较开明，并没有给孩子报大量的课外班，如果有一些，也更多建立在孩子自愿的基础之上。

总结一下，课外班是手段，不是目的。如果学生投入了学习的时间，却没有好的习惯养成，没有思维品质的提升，没有良好的学习态度，投入就是无效的。不要相信那些课外班的提分承诺，那都是在耍流氓。我们真正需要关注的是孩子的生命态度、学习习惯与思维品质。

当然，也有一些课外机构是不俗的，他们安静地关注着孩子的某个特长，用最合理的方式陪伴着孩子。但是我想他们也大多是不怎么赚钱的。

教育的可能

这是2017年左右写的一篇小文。当时我对校外的一些补课班非常不满，因为我觉得他们在制造焦虑为自己谋利。情绪之下，就有了这篇缺少冷静甚至是有点偏执的文章。

多年过后，再读起这篇文章，我很是羞愧，觉得自己太过于粗鲁，不够温润，以偏概全。事实上，很多优秀的校外教育机构尊重孩子的身心发育特点，尊重教育规律，提供了极有价值的教育产品，他们是学校教育的助力与补充，值得尊重。

但究其本质，文章的核心观点还是引导家长"无见小利"，可以和上一篇"无欲速"参照阅读，所以此次整理书稿我还是保留了这篇文章。同时，也没有对其中的语言表达加以修改，也算是一种纪念吧，纪念我的青春，我这样老成持重的人也会偶发少年狂。

教育的使命就是提升欢愉的层级

——从孩子浏览不良网站开始说起

前不久，一位家长向我求助，他发现青春期的儿子频繁地浏览色情网页。最初，他很生气，斥责了孩子，后来发现并不奏效，便试图和孩子慢慢沟通，但是不管他如何努力，孩子只是沉默不语。他有点束手无策，异常焦虑。

从教以来，类似的情形见过一些，而且还有很多其他看似风马牛不相及的问题，但事实上也有相通之处。于是我给了他下面的分析与建议：

此事有合理性。首先要承认孩子这一举动的合理性，而不能简单粗暴地批评否定。

简单粗暴的批评容易让孩子产生心理阴影，他们可能会产生强烈的自我否定，会认为自己不知羞耻，甚至是肮脏下流，从而自暴自弃，破罐破摔。这样一来，事情就糟糕了。

再者，这件事原本就很正常，并不值得我们大肆批评。人类的本性就是追逐欢愉。如果你看到有人在主动忍受清苦，那么他们一定在清苦中体验到了更大的或者更高层次的欢愉。饮食男女，这是植根于人性深处最原始的欲望，我们都渴望这样的欲望能够得到满足，这很正常。

大家都熟知这样一首劝学歌谣："书中自有黄金屋，书中自有颜如玉，书中自有千钟粟。"劝学也是要从人最简单的欲望开始谈起，到最后慢慢再谈家国天下，流芳千古的事。据说，这几句劝学的顺口溜其实出自宋真宗的《劝学诗》：

富家不用买良田，书中自有千钟粟。

安居不用架高堂，书中自有黄金屋。

娶妻莫恨无良媒，书中自有颜如玉。

出门莫恨无人随，书中车马多如簇。

男儿欲遂平生志，五经勤向窗前读。

感到意外吧，皇帝劝学也是如此的接地气。所以说，在不伤害他人的情况下谈欲望以及追求欲望的满足是人应有的权利。

对于成年人来说，这个道理很容易理解，但是孩子们理解起来却比较困难。针对类似问题，我们和孩子交流时，如果只是简单地说："这是很正常的，你不必自责。"效果就会很一般，因为这很难真正地触动孩子的内心。更有效的方式是现身说法，将心比心。

很多年前，初二年级一个很优秀的男生和我交流，满脸羞愧："老师，我错了，我辜负了您的期望。"我问他："怎么了？"他说："老师，我谈恋爱了。"我说："不至于，多大的事啊，我都知道，而且我还知道你现在失恋了，这也很正常。"他很执拗地看着我说："老师，你是在安慰我吧？"我笑着和他说起了我高中时的初恋，也谈起了当初失恋时我号啕大哭的场景。

那个男孩傻了，看着我，不敢相信他听到的一切。那时的我从事教育工作没有多久，对待学生有点严苛，他们比较怕我，和我有距离感。所以这个男生很是震惊，原来他心目中不苟言笑的师长竟然也曾经早恋啊。后来，他就慢慢释然了，我们又谈了很多事情，沟通得非常好。

我想，为人师长要讲究师道尊严，但在某些时候也要用我们的真实和坦诚来面对孩子，刚柔并济，才会有良好的教育效果。比如面对儿子浏览色情网站的事，父亲开口的第一句话如果是："其实，爸爸也曾经看过这些网页……"我想，后面的事情就简单了，或许这会有些尴尬，但是为了孩子的成长，我们的付出是值得的。

我们需要告诉孩子，人有欲望并追求欲望的满足是正常的，父母师长也是人，自然就没什么不同。这份坦诚的意义在于我们可以获得孩子的信任，从而能够与孩子们开展更加真诚而有深度的后续沟通。

这件事合理但不等于完全正确。我们接下来需要告诉孩子，有欲望是合理的，但是沉溺于这样一种欲望之中却是不合理的，因为这可能会导致我们的认知偏差和行为偏差。因此我们需要学会控制并调整，而且需要一起去制定明确可操作的措施。

此时家长应该温和而坚定，绝不要拖泥带水。一般说来，在前一个环节沟通好的基础上，孩子大多都会配合家长。比如说，在这个案例当中，我们就可以明确地和孩子说，往后手机和电脑的使用都要经父母的同意。父母可以通过设置密码来管理孩子的电子产品使用问题。

治本之策在于引领孩子提升自己的欢愉层级。

人都在追求欢愉，但是欢愉的层级有所不同。人沉浸在低层次的欢愉中，往往是因为没有接触到更高层次的欢愉。

如果孩子沉溺于名牌衣服、饮食、网络游戏乃至两性的欢愉之中，这只能说明在他们的世界里，没有比这些更加强烈的欢愉让他们去追逐。因此，我们教育的重心应该在引领，而不是简单地批判与质疑。

阻止孩子在某个领域的沉溺是必要的，但这绝非治本之策。堵不如疏，我们需要引领孩子去体验更美好的欢愉，当他们体验过更美好的欢愉时，他们就拥有了自己的审美高度，很多低层次的沉迷他们自然而然就会放弃了。正所谓"曾经沧海难为水，除却巫山不是云"。

某种意义上，教育的使命就是提升人欢愉的层级。

所以，我们需要带给孩子们更高层次的欢愉的体验。这一过程很难通过语言的表达来完成。我们所能做的只能是用行走和阅读把更大的世界带到孩子面前，让孩子自己去感受，去体验，如此而已。当然，师长是距离孩子最近的世界，师长的生命状态与审美水平会对孩子产生重大的影响。

举两个例子，现实的和历史的。

前些天，我们带着初中的学生到户外徒步，27公里，9个小时，一路行走，有海风与海鸥，有迎春和连翘。春日的午后，我们在海边的沙滩上休息，有人发呆，有人踢矿泉水瓶子，有人在沙滩上打滚，就是没人玩手机，原因很简单，他们有比玩手机更刺激更好玩的事情做。

第二个例子是关于民族英雄文天祥。我们都知道他那句有名的诗："人生自古谁无死，留取丹心照汗青。"

再给大家补充几则来自《宋史·文天祥传》的材料：

"天祥性豪华，平生自奉甚厚，声伎满前。"文天祥出身富贵，豪气大方，生活富足甚至是有些奢靡。

"体貌丰伟，美皙如玉，秀眉而长目，顾盼烨然。"文天祥是一个帅哥。

"年二十举进士，对策集英殿。……帝亲拔为第一。"文天祥二十岁中状元，少年得志。

这样的人生几乎完美，文天祥怎么舍得放弃一切去死呢？如果他不死，他还是可以拥有美好的生活。然而他选择了忠贞与刚烈，他的选择坚定而决绝。其实文天祥做出这样的选择绝非偶然。

《宋史·文天祥传》中又云：

> 自为童子时，见学宫所祠乡先生欧阳修、杨邦乂、胡铨像，皆谥"忠"，即欣然慕之。曰："没不俎豆其间，非夫也。"

文天祥年少时读书看见学宫中祭祀的先贤，谥号为"忠"，因此感慨："如果死后不能置身于那些被祭祀的忠臣之中，那么我就不是大丈夫！"

文天祥死时年仅四十七岁。他在衣带中留下一首诗："孔曰成仁，孟曰取义，惟其义尽，所以仁至。读圣贤书，所学何事？而今而后，庶几无愧。"

文天祥在求学过程中遇到了自己所仰慕的人格，从而有了自己的人生追求，并在追求中获得了一种坦荡磊落、求仁得仁、无怨无悔的生命感受。在这样一份生命感受中，文天祥一定体验到了一种属于自己的欢愉。

我相信，文天祥的做法并不是一种针对他人的表演，而是一个忠于自己内心的选择。毕竟，用生命的代价去迎合别人是不太可能的，这完全是他自由选择的安身立命的方式。

所以我们可以引导孩子阅读。在书中，他们可以看到一个更大的时空，遇到很多他们仰慕的人格，那样一种仰慕一定是自己内心最真实的感受。于是，他们就会有属于自己的追求，而追求的过程无疑会充满欢愉，一种不足为外人道的欢愉。

当然，我们还可以引导孩子去接触一些艺术领域，比如音乐、绘画、书法等，一旦孩子全身心投入其中，他们就会收获很多的快乐与欢愉。所以说，如果孩子有个兴趣爱好，开始痴迷于某种乐器、某项运动的时候，父母一定要支持，绝不是为了升学加分，考级炫耀，只是为了让孩子体验那样一种独特的欢愉。

教育的使命就是提升欢愉的层级，为人师长者，一定要创造机会让孩子去体验更多的欢愉和更高层级的欢愉，追逐欢愉是人生的动力。更重要的是，我们要反思，我们自己正在追逐怎样的欢愉。反思是为了提升自己，更为了那些在我们身后追随并模仿我们的孩子们。

教育的可能

沉迷于不良网站是青少年成长过程中常见的误区之一，然而干预起来总是有些困难。问题的关键在于当事的孩子会因此否定自己，甚至会有强烈的负罪感，而孩子产生类似感觉的原因往往又在于成年人对待此事的态度，很多师长在直觉层面会将此事看为低下的甚至是堕落的行为。

但如果我们愿意真诚地面对自己的内心，愿意将孩子看成是一个丰富而多元的生命，我们就会发现，其实孩子没有什么大的错误，他们需要的不过是我们真诚的引领罢了。

延伸开来，当我们跳脱眼前，站在更大的时空角度来审视孩子与教育，很多困难与纠结就自然消解了。

沉迷网络游戏与酗酒的背后

谈到网络游戏，我想起了酒。

游戏和酒是两样好东西。它们让人兴奋，也容易让人沉迷于其中不能自拔。某种意义上说，酒就是某些成年人的玩具，是最能带来快乐，也最容易让人意志消沉的玩具。

关于游戏与酒，我首先想说，喝酒与玩游戏都是很正常的事。我们需要讨论并干预的是沉迷于网络游戏和酗酒。

沉迷于网络游戏和酗酒这二者颇有相似之处：都是一种依赖，有一种精神上的愉悦以及过后的空虚；都有对于现实世界的逃避，都选择蜷缩在虚拟的世界之中；

一个在网络世界里称王称霸，一个在酒精的麻醉里飘飘欲仙。

酗酒人喝的并不是酒，而是孤独与寂寞，再或者是形形色色的坎坷与忧愁。沉迷于网络游戏的孩子们玩的也不是游戏，而是空虚与茫然。

尽管游戏和酒颇有相似之处，但我们对于沉迷网络游戏和酗酒这两件事的看法却有些不同：

对于酗酒，我们会指责那些酗酒的人，哀其不幸，怒其不争。但是我们很少去指责酒，即使有人因为酗酒死去，我们也不会因此对酒的制造商大加指责，因为我们知道酗酒最关键的原因往往并不在于酒，而在于酗酒人的性格或者是人生际遇。而且，在某种意义上讲，中国人不但不讨厌酒，而且还很喜欢，因为在酒中，有太多的情绪，有豪放，有旷达，有着林林总总的生命意志的张扬，有太多的故事，酒甚至已经成为一种文化符号。

但是网络游戏就没有那么好的境遇了。当孩子沉迷于网络游戏的时候，家长们大多在指责游戏，觉得是网络游戏这样的东西在慢慢毁掉这一代孩子。家长们的指责有一定的合理性，我能理解家长的无助，但是在我看来，问题并不全出在网络游戏的开发者这里。

为什么我们对待酒和网络游戏的态度不一样呢？问题出在哪里呢？我看了很多，想了很多，得出了自己的结论：在某些时候，网络游戏或许被当成了替罪羊。

　　一般情况，酗酒者多以能够独立承担责任的成年人为主，所以我们便把更多的责任自然地归因为酗酒者的性格以及因性格而导致的命运。

　　但是玩游戏的孩子大多是未成年人，当我们把责任归为孩子的时候，其实就是把责任归为孩子的父母师长。而对于那些缺少自我批评的勇气和自我反省能力的人来讲，网络游戏就成了替罪羊之一。

　　为了推卸责任，很多人将网络游戏骂得体无完肤，网络游戏本身就成了众矢之的，它蒙受了许多原本不应该承担的指责，这不公平，也不理性。因为问题在于，不管大家如何批判，事情却依然没得到解决。只有理性的分析，做出正确的归因，我们才能够解决问题。

　　或许有人会问：为什么说被指责的应该是成年人呢？我们哪儿做错了呢？

　　如同分析一个人酗酒的原因一样，一个孩子沉迷于网络游戏，最重要的原因往往并不在于游戏本身，而是在于他周围的现实世界。

　　孩子沉迷于网络游戏，并不见得是游戏有多好玩，有可能是真实的世界存在问题。如果真实的世界太不好玩，那么孩子躲到虚拟世界里寻求刺激与安慰是一件再简单不过的事情了。

我们继续分析，真实世界里的什么问题会让孩子沉迷网络游戏呢？

　　以我个人的经验来看，大概有那么两类：

　　第一类，亲子交流不畅。

　　当孩子在身边没完没了地和大人聊天的时候，大人烦了，给他们一个手机或者平板电脑，一切都安静了。直到有一天，当父母想和孩子交流的时候，孩子的眼睛却再也不愿从电子产品上挪开。每个人都需要情感的抚慰，如果活人不能给，那么机器也还是个不错的选择。

　　再者，因为亲子交流不畅，父母也很难给予孩子有效的管理约束，那么沉迷网络游戏就变得更加可能。

　　第二类，给孩子的现实世界太小、太枯燥、太逼仄。

　　孩子的世界里只有学习和训练，没有阳光、山川、河流，没有亲人、伙伴与朋友。这样的世界太无聊了，于是孩子选择了远离与逃避。

　　当孩子对季节的变幻不再敏感，不能感受春日阳光的煦暖，不能感受风滑过脸庞的那份柔顺，他们的心灵就干瘪了一半。

　　当孩子们不能和身边的亲人有真正意义的情感生活，没有体验过一家人在一起玩个游戏、简单地在草地上奔跑，没有为家人做过一顿饭，听爷爷奶奶絮叨点陈年旧事，他们的心灵就快要死掉了。对于一个心灵死亡的人来说，机器是最好的伴侣。

当我们指责现在的孩子冷漠无感的时候，我们是否意识到了自己的问题，我们是否在乎过他们的感受，我们是否给了他们一个真实而丰富的世界，一个值得他们全力投入去热爱的世界。

我们为人师长的需要反思我们的教育，做出一些调整。

我们不是神，不能决定一个人的命运浮沉，但是对于孩子而言，成年人对他们的世界具有极强的干预能力，从某种意义上讲，成年人就是孩子们的神，碰上什么样的家长就是一个孩子真正意义的命运。

提几点具体的措施，希望会有效果：

对于玩网络游戏的时间和频率，我们应该和孩子有明确的约定，而且不需要太尊重孩子意见，因为他们还没有能力控制自己。就如同未成年人不能饮酒一样，在孩子的心智没有足够成熟之前，他们没有权利决定自己玩网络游戏的时间与频率。

一个方面，我们制定了严格的规矩。另一个方面，我们要引导孩子去发现这个世界的丰富与美好。

比如说在合适的时候，带孩子到自然中去。让他们去感受物候的变化，去感受阳光，去感受风，去感受广袤的田野和无边的天际。

比如和孩子一起策划个独特的旅行，回来做个纪念册，也挺好玩的。

比如让孩子策划一次家庭聚会之类的，让他们自己确定聚会的主题，邀请客人，确定聚餐地点，点菜，如果能够在家里做饭更好。

比如一家人去看个电影，回来弄个小沙龙一起谈谈对于电影的感受。

比如和孩子共同阅读一本书，挑出自己最喜欢的文字，看看大家对文字的感觉是否有不同。

这些都很好玩。其实道理很简单，我们只是需要告诉孩子，这个世界好玩的事情太多了，网络游戏只是其中一件而已，而且还不是什么了不起的一件。

教育的可能

痴迷网络游戏也是青少年教育中一个常见的痛点，许多家长颇为焦虑，其实大可不必。曾经我们担心电视和武侠小说会毁了下一代，但事实证明：没有什么能够毁掉下一代，除了上一代。

新生事物层出不穷，问题的关键和上文一样，同样是我们成年人的教育与引导。两篇文章参照起来读，更有意思。虽然在具体举措上提了些不同的建议，但究其本质，背后的教育原则是一致的：

　　俯下身子，尊重孩子的生命感受，用我们的心和智慧去陪伴和引领。

持久而专注的热爱

—— 关于诺贝尔奖和教育的一点思考

今年的诺贝尔奖名单出炉了，没有太多的意外。对于我们中国人来说，又是失落的一年。

当然，我们应该也必须尊重那些诺贝尔奖获得者，尤其是科学类奖项的获得者，不论他们是哪国人。因为，在那一刻，他们代表的是人类，他们的一步是人类新的一步。而这新的一步其实也解开了束缚在人类身上的一条锁链，人类对于自然界的了解越深入，就愈发可以获得自由，拥有尊严。

可以这样设想，如果有位科学家因为对艾滋病的真正预防或者治愈而获得了生理学或医学奖，人类该会有多大的变化：不再有那么多的泪水与苦难，也不会再有恐惧和歧视，世界艾滋病日也不复存在。其实，人们歧视艾滋病人的背后是人类对于死亡的恐惧，而恐惧的背后是我们对病毒的无力与无知。所以，当有人能够在某一个领域踏出新的一步时，我们该是如何的欢呼雀跃呢？据说，人类在原始社会的时候，一代人只能够将自己的生活领域向外拓展30公里，今天的诺贝尔奖获得者就是那些为人类开拓新的领域的勇士和智者吧。

但是，人类终究又是有着族群概念的。在面对自然的时候，人类是一个整体。然而，在人类的不同族群中，我们又是存在竞争的，这一点我们无从回避，至少在今天，我们还很难避免这样一种竞争。所以，我们就会思考这样一个问题，为什么到现在为止，中国的诺贝尔奖科学类奖项得主寥寥无几？我们为什么在自然科学领域缺少一流的科学家？其实这也就是那个著名的"钱学森之问"：为什么我们的学校总是培养不出杰出人才？

这是一个相当复杂的问题，回答它会有很多个角度，而真正解决也是一个系统工程。但无论如何，对于这样一个问题的关注是非常有必要的，每个人都应该从自己的角度去思考如何回答这一问题，也应该试着为这一问题的解决尽一点自己的力量。所以我谈谈自己对这一问题的思考。我的思考不涉及宏观的体制问题，那不是我的专业领域，而且目前我也无力干预。只是从一个微观的教育领域提一点自己的感触，然后做一些自己能做的教育举措，力图做出一点小的调整，至于结果，就不去多想了，只是尽吾力求无悔而已。

按前文所说，诺贝尔奖获得者代表人类走出了新的一步，而能够走出这一步的人一定是个在长途跋涉的人。长途跋涉未必能够代表人类走出新的一步，但是能够走出新的一步的人一定是个始终在长途跋涉的人。

那么，什么样的人才能够长途跋涉，始终努力，不放弃呢？我想，大致会有两种人：

第一种人我称之为"真人"，所谓"真人"是指那些对于某些领域具有极强的兴趣的人。这样一种兴趣使他很喜欢钻研这一领域，对于他来说，学习和研究本身就是最大的意义和极大的幸福，他并不需要在他的学习和研究上附加任何意义，比如说名利等。这样的"真人"并不主要来自我们的教育和培养，因为他们的成就主要来自天赋。我们的教育所能做的就是呵护，尽可能不让特别的他们被压抑和排斥，因为这样的"真人"在很多人眼中就是怪人，而人们又容易对怪人产生排斥和孤立的想法，甚至是行动。

2012年诺贝尔生理学或医学奖的获得者约翰·格登就是属于"真人"的类型。格登在英国著名的贵族学校伊顿公学求学，当时在250名学生中，格登的生物科成绩排在最后一名，其他科学科目也排名非常靠后，被同学讥笑为"科学蠢材"。

在1949年的学校成绩报告单中，格登被一名老师如是评价："我相信格登想成为科学家，但以他目前的学业表现，这个想法非常荒谬，他连简单的生物知识都学不会，根本不可能成为专家，对于他个人以及想教导他的人来说，这根本是浪费时间。"这份成绩报告至今仍被格登放在自己的办公桌上，偶尔用来娱乐一下。

虽然成绩差、不被老师和学校看好，但格登仍然非常坚持自己的想法，他对生物学的热爱从来没有减少过。法新社报道称，格登在多年前的一个采访中回忆称，自己少年时被生物学深深吸引，他甚至在学校养过上千只毛毛虫，并看着它们变成飞蛾，这在当时还引起老师的强烈反感。

虽然没有仔细研究过诺贝尔科学类奖项的获得者的简历，但我有这样一种感觉，在其中，"真人"所占的比例应该不小。而在中国，"真人"是有的，这点毫无疑问，但是在当前的教育体制中，选拔性考试的激烈程度和班级组成人数的大数量使得这样的"真人"很难不被埋没。他们很难保持自己对于某个领域的好奇和长久的兴趣，所以也就很难真正地完成化茧成蝶。

所以作为一个老师，如果发现自己的学生有可能是个"真人"，或许可以多点包容心，再或者可以为他们提供力所能及的庇护，说不定，他们的生命力很顽强，就那么意外地绽放了呢？

第二种人我称之为"圣人"。我对于"圣人"的定义是："圣人"是试图将世界扛在自己肩膀上的人。"圣人"的天赋不见得很高，但是他有着一种极强的责任感和担当精神。他有一种大的生命格局，希望自己的存在能够带给周围世界很大的改变。或许"圣人"最初的能力不是很强，但是由于他有担当的意识而且也会有试着去承担的行为，他会越来越强大，慈悲是可以生出智慧的。我相信有些取得很大成就的人他本身未必真的痴迷某一领域，而是责任让他必须坚持下去。

居里夫人对于科学的热爱和坚持令人动容，她将发现的新的元素命名为"钋"以纪念她的祖国波兰，可见她成功背后的推动力也包括她极强的爱国情感以及因这种情感而产生的责任感。

在中国的文化背景下，"圣人"取得成绩的可能性是有的。关键是我们的学生是否有将世界扛在自己肩膀的气魄和担当。中国文化的主流传统，也就是儒家传统始终强调人需要承担责任——"穷则独善其身，达则兼济天下"。人生的意义就体现在自己的担当之中，中国人传统的三不朽——立德、立功、立言——就是此意。而这样一种担当被视为人本来的样子，人本身就具有这样一种高贵的情怀。人生的目标就是要体现出这样一种高贵，从而凸显出人真正应该有的尊严。

但现在基础教育中存在的问题是，学生在努力学习的时候，支撑他们前进的动力大多是比较低级的，甚至可以这样说，很多孩子是为了一般动物和人共有的欲望在努力。如果一个人学习仅仅是为了更好的吃穿住行，那么他在多大程度上脱离了一般动物群体了呢？

每个生命个体都是自由的，他们有权利在道德和法律允许的范围内选择自己的生命方向，但是作为师长，我们需要告诉他们什么是崇高，什么是担当，什么是道义，我们需要引领他们赋予自己的生命以更大的意义和更高的价值。

我们希望学生们懂得，他们的学习生活并不是单单为了眼下的升学，而是要用自己的努力去改变周围的世界，从而获得一种真正意义的存在感。两个学生都在学习生物，一个为了竞赛获奖从而得以报送大学，一个为了去救治更多被疾病折磨的人们，二者谁能取得更大的成就一目了然。

茅以升先生看到了大桥的垮塌导致很多人跌落进钱塘江大潮之中，他立志要造世界上最坚固的桥，他成功了。戚发轫先生看到抗美援朝时美国的飞机轰炸东北，立志要学习航空知识，后来他成为神舟飞船的总设计师。

这样的例子太多了，但是现在的学生却很缺少这样一种担当意识，从而也就失去了持久奋进的动力，而这样一种担当意识的缺失，我们的教育是需要去负责任的。

有孩子会说，选择是否承担责任是我的自由，人为什么一定要有担当呢？在今天这个时代，我们似乎也不能采取一种强行逼迫的手段让孩子接受这一说法，更何况这样的手段也很难起作用。但是我想有两个问题是我们需要知道的：

其一，前面已经说过，人类社会是有族群概念的，不同的族群之间是有竞争的。如果整体出现滑坡，那么身处其中的个体也很难幸免，毕竟"覆巢之下，焉有完卵"。

当年孙中山先生在海外组织革命的时候曾经和华侨讲过这样一件事：在南洋爪哇，一个有千万财产的华人富翁晚上去朋友家玩，聊天到很晚想回家时发现没有带夜间通行证，而当地法律规定，华人夜出过了一定的时间需要有夜间通行证，否则被荷兰巡捕抓到后，轻则罚款重则坐牢。最后华人富翁无奈找了一名日本妓女陪其回家，而荷兰巡捕见状以为他们都是日本人就没有追问。中山先生想表达的是：很多时候人们关注的并不是你个人的状态，而是你所在的群体。这个故事让海外的华侨深有感触，今天的我们认真想来也应当有些触动吧。

其二，人是在担当的过程中真正长大的，当一个人想要去承担责任的时候，他必须使自己强大，如此才能够实现自己的想法。电影《蜘蛛侠》告诉我们能力越强，责任就越大，其实这个结论反过来说也是成立的，责任越大，能力就会越强。前面我们举过的茅以升和戚发轫的例子应该能够说明问题。

做一个老师，我们可以也应该给学生一点崇高和遥远的东西。暮气沉沉的我们或许也就这样了，但生机勃勃的孩子们可以有更多的可能。理想还是要有的，万一实现了呢？就算没有实现，至少也可以做个悲剧英雄，将来面对儿女也有点吹牛的资本，对吧？

当老师，还是要给自己的未来埋下一些值得期待的种子。

教育的可能

这是2018年诺贝尔奖揭晓后我写的一篇小文。

其实每年在这个时刻都会有类似的感受。诺贝尔奖得主一定是各自专业领域内的翘楚，他们一定是能够持续行走的人，大概率他们也都是坚持长期主义的人。没有真的热爱，急功近利，天赋再高也很难与诺贝尔奖有缘。

　　所以，我们要去反思，我们的教育乃至整个社会是否有了足够的耐心，足够的定力，从长期的角度去关注孩子，唤醒他们心中纯粹的热爱，激发他们持久而专注的探索。假若没有，我们离诺贝尔奖还是会很远……

让我们为高三学生上好最后一课

那天得知北京八中出了一个"理科状元"，我就给师兄徐广业老师发了一条微信表示祝贺，因为他是教学副主任，也是这届高三的年级组长。大意是不管我们是否在意分数，但作为一名老师，能够有机会培养出一个"状元"，还是很幸福的，值得庆贺，有空喝酒云云。

他回复了我一段语音，能听出他的疲惫，他说正在陪那些发挥不是很好的学生聊天，提一些具体的建议。他语音的最后一句让我颇有感触：幸福是属于别人的，好像只有幸福以外的事才属于教育。这是一个培养出"状元"的老师所说出的话，有点出人意料。原本他好像最有资格兴奋，甚至是狂喜，但是他没有，只是这样平静地面对身边的一切。

这样一份压抑的深情，这样一份难得的清醒，这样一份极致的善良，我佩服得五体投地，真心希望天下的教育者都能有这般体悟。那一刻，我以广业兄为荣。想起《菜根谭》中的一句话："热闹中着一冷眼，便省许多苦心思；冷落处存一热心，便得许多真趣味。"这话很有味道。广业兄的这句"只有幸福以外的事才属于教育"可与之相媲美。

我在想，高考成绩出来以后，作为老师，我们到底应该思考什么，做什么？我们是别人的老师，是读书人，不管出于师生感情还是出于专业理性，都应该有着清醒的思考与合理的行为，我们需要用自己的行动来引领这个社会，而不是为这个原本就浮躁的社会再增加几分不靠谱。

我们需要多点担当的意识，我们需要在冷落处存点热心，我们需要在热闹处善意地泼点冷水，我们需要站在幸福之外去努力地呵护幸福。

在社会都在追逐"状元"，赞美强者的时候，我们老师要去关注那些发挥不理想的学生。有"春风得意马蹄疾，一日看尽长安花"的志得意满，就有"不醉百花酒，伤心千里归"的落寞与失意。对于那些落寞的孩子来说，他们很难拥有一种超越年龄的平静与旷达。毕竟，他们都还小，经历的事也少。所以这时师长们需要用自己的人生阅历来告诉孩子一个简单的事实：生命很长，只要有良好的生命态度，一切都来得及，没什么大不了的。不用说大的风浪，就拿高考失意这样的事来说，都是老师们再熟悉不过的事，年年岁岁花相似，岁岁年年人不同，如此而已。我们的生命长度和教育者的生命姿态就是陪伴学生最大的凭借。

有时，学生很难真正体会到我们要传递的，但是我们的镇定与平静会感染他们，他们会因为对我们的信任而接受一个其实他们很难理解的道理。的确，人生怎么可能什么都明白呢？但关键的时刻，学生就是把自己交付给最信任的师长，师长说的，他们都信，因为师长那么智慧，又那么善良。这样一种托付如同一个信仰者将自己交给了信仰的信念或者是神。在这样一份托付中，托付者和被托付者都会获得一种强烈的情感体验。希望老师们不要错过这样的机会。能够得到年轻人的信任，能够用自己的人生阅历去带给别人启迪，这是我们教育者的福分。其实，人与人之间相知相爱，哪有那么容易。

我想广业兄一定深爱着自己的学生，也被自己的学生深爱着。这就是最美的教育。其实不仅仅是广业兄，就在此时此刻，也一定会有无数普普通通的老师和那些成绩不理想的孩子安安静静地聊着现在，谈着未来。这就是教师最简单也最崇高的本分，这也是最真的教育。当我们的热心投到冷落处，这个世界在瞬间就暖了起来，清朗了起来。

当那些成绩理想的学生都沉浸在眼前的幸福时，我们要提醒他们，我们要的不是穷人乍富式的粗鄙，而是更大的气度与格局。生命是一生一世的事，进入满意的大学，人生选择才刚刚开始，孩子们一定要有一个长远而个性的人生规划，一以贯之地去追求，方能有一个好的结果，方可入宝山而不空回。

我们要告诉孩子，看看你们身边很多的师长，也都是名校硕士甚至博士毕业，不也就是你们眼前的样子吗？多少人少年时意气风发，踌躇满志，憧憬着鲜衣怒马仗剑天涯的生活，到最后不还是过着寻常的日子，奔波在尘世中，慢慢老去。

江湖秋水多，魑魅喜人过，凶险得很，立身行道，身正品端，都未必一定能够成功，更不必说浅尝自放，松散流俗了。前路漫漫，保重为盼。当我们在热闹处泼点冷水的时候，这个世界好像就会慢慢清静下来，少一些喧嚣与浮躁。

如广业兄所言，我们就应该始终是保持清醒的那个旁观者，不会被眼前的悲伤牵绊，也不会被眼前的狂欢所迷惑，而只是守着教师的本分，由着心中的热肠，说着些清冷的有内容的话语，陪伴着学生，在学生也不乐意听的时候，就全当是自己的呓语，用来陪伴自己做一个有关教育的梦。虽然不热闹，但很雅致。

因为我们是老师，教育绝不仅仅在课堂之上，更在生活日用之中。任何时候，我们都应该想一个问题，学生怎样才会变得更好。教育的实质就是学生跟着师长学做人的样子，我们就是教育。作为师长要去思考：我们做的每件事，学生会怎么看，怎么想。

高考后，老师如何面对自己的学生，学生如何面对自己的成绩，这些应该是高中阶段我们给予学生的最后一课，这最后一课，学生会无比专注，那我们准备好了吗？成绩出来了，很多学校都在宣传自己的成绩，几乎每所学校都成功了，都进步了。我在想，在一场选拔性的考试中，大家竟然都成功了，那到底是谁失败了呢？或许是教育失败了，败在了细节，败在了格局。

我想，我们还是应该上好这学校中的最后一课。我们要用教育者的善良与清高再给学生上一课，让他们带着温暖与理性走向未来。学生有未来，我们才有未来。希望所有的学生都能爱自己的老师，都能够以母校为荣，不仅仅是单纯的归属感，更是因为一个又一个具体的生命姿态与教育故事。

大家共勉。

教育的可能

2017年高考成绩揭晓，北京八中出了一个"理科状元"，而当年的高三年级组长是我北师大哲学系的师兄徐广业老师。我便联系他表示祝贺，聊了一会，他的淡定，他的格局，他复杂而真实的情绪，都让我心生感慨。

高考虽然结束，但生命依然继续，教育并未结束。而且学生在面对高考结果时内心会有很大的情绪起伏，此时的教育会有更好的效果。所以我们需要为高三学生上好学校的最后一课，而我们教育者在高考放榜时的淡定从容与理性慈悲应该是课堂上最重要的内容。

打破生命的局限

——谷爱凌带给教育人的启发

近几日，有关滑雪运动员谷爱凌的事迹在微信刷屏了，对我而言，这曾是一个陌生的名字。于是浏览了几篇文章，了解下来，对这个年轻人佩服得很。

她的运动水平，我们无从理解，也无从模仿；她那极具传奇色彩的家庭背景还有她一路走来异彩纷呈的人生，我们也无从复制；对于大多数人来说，她是一个只能远观或者说仰望的对象，对我们的人生似乎并无影响。

但作为教育者，对于独具特色的生命经历，总是喜欢去思考分析，因为我们需要从中获得一些经验或者教训，然后传递给学生和社会大众。没有完全相同的人生经历，但是很多看似完全不同的人生经历背后却有着惊人的相似，这就是对我们最有启发的地方。

认真想来，谷爱凌这个看似离我们很遥远的成功的生命依然能带给所有人启发。

打破界限

印象最深的一个细节是，她在接受采访时说："打破界限，打破历史，打破纪录永远是我最大的目标。"

这是她成功的原因，也是她给我们教育人最大的启发：我们需要鼓励孩子去打破界限。每个人面临的界限都各不相同，但共同点在于：只有不停打破界限，生命才能提升高度，获得成长。

超越国界与文化边界

谷爱凌首先要打破的界限是国家和文化的边界。她要做一个超越国界与文化边界的人，以体育的方式。她否定了那种非此即彼的对抗性思维，认为自己既是中国人，也是美国人。中国队和美国队都给了她很多的帮助，两种文化共同成就了今天的她。

有些中国人赞美她是因为她代表中国队夺牌，满足了心中的民族自豪感；有些西方人对她颇有微词，因为她在美国出生长大，但是最后却选择了代表中国比赛。

但谷爱凌说："我能在约7米高的U型雪场里做后空翻。那不是政治，而是在挑战人类极限，将人类联结起来。"在自己热爱的领域里，代表人类挑战极限，激发人类的情感共鸣，凝聚不同的族群，这是何等的开阔。

在之前一次接受记者的采访中，她说得更加直白："没有必要制造分歧。我觉得我所做的一切都是为了包容。这一切都是为了让每个人尽可能感受到与彼此的联结。"

人类有不同的族群，族群之间也会有竞争，这是客观存在的事实，但是，这样一份差别和竞争不应该简单构成对立与隔膜，相反，我们应该和而不同，美美与共。人类的前途在于理解与包容，凝聚和联结。人类的希望在于那群能够逐渐超越文化边界，最终消除了分别心的人。

西方文化里有个关于建造通天塔的故事。最初，人们的语言是相同的，所有的人凝聚在一起想建造一座高可通天的塔，名为巴别塔。后来天神降世，变乱了人们的口音，大家的语言不再相同，交流不畅，于是通天塔的计划失败了，人类便无法实现通天的梦想，天人永远两分，人和神之间永远存在着不可逾越的距离。某种意义上，今天人类所有的努力其实都是一个再造巴别塔的过程。

谷爱凌说，她希望自己成为中美之间的桥梁，将体育作为一种团结的力量，让它成为一种促进国家间联系的形式，而不是把它作为一种分裂的力量，只有如此，才能让每个人都受益。一个十八岁的孩子的话，如此的清澈高远，如同一朵盛开的永不凋零的蓝莲花，令多少叱咤风云的雄主汗颜。

对于男女平权的追求

谷爱凌要打破的第二个限制是世俗社会对于女性角色的界定和理解。她说，她参与奥运，是想激励更多的年轻女性去创造生命的辉煌，这是她一直以来的梦想。

早在十二岁的时候，她就在学校为老师和同学做过一次关于男女平权的演讲《体育中的女性》(Women in Sports)。在演讲中，她从女性在体育比赛中遭遇的不公以及男女运动员收入的差异开始讲起，比如一些滑雪比赛，女子组冠军奖金只有 600 美元，男子组冠军却有 12000 美元。又进而提到了整个社会对于女性的更深层次的不公:"人们不接受女性可以自主决定她们的职业轨迹和生活,但如果我们接受这一点,我们就离平等近了一步。"在最后,她说:"我们要用行动告诉男生,女生和他们一样强大。"

如她所愿,她生命中的每一天,每一件事都在证明她的观点。她的每一个成就都在冲击着世俗中那些庸俗却稳固的思维。

倾听自己内心的声音

谷爱凌打破的第三个限制是妈妈的建议。在决赛第三跳前和母亲的通话中,母亲给的建议是降低难度,力争银牌。而她没有听从母亲的建议,选择了从未成功过的高难度动作,最终她成功了,拿到了金牌。

生命中的惯性是尊重长辈的意见,不管是出于情感还是出于理性。这样一份惯性在大多数时候也没有错,但是,当自己内心深处有了明确的生命方向与生命渴望时,应该敢于说不,并去承担一切相应的结果。不论结果如何,在发出自己声音的那一刻,自我破壳而出,一个独立的精神生命出生了。客观地说,这并不是很容易打破的限制,这是成长过程中最无形的艰难。

金牌值得骄傲，但更值得骄傲的是年轻的生命所发出的勇敢而又独立的声音。

爱上恐惧

谷爱凌打破的第四个限制是自己面对未知的恐惧。她在《纽约时报》上发表的那篇文章《我承认，我爱上了恐惧》，读罢有一种浑身战栗的震撼。

她说："我一直在追寻着的是一种纷乱的、充满恐惧的爱……恐惧可以算是三种不同感觉的总称，那就是兴奋、不确定和压力。"

对于我们多数人来说，面对不确定，我们会充满压力和恐惧，我们会选择退却来保障安全与舒适。但是谷爱凌提到了另外一种感觉，那就是因为挑战所带来的兴奋，提及做那些高难度动作的感受，她说："我既有着对自己安全创造奇迹的信心，也会产生对即将到来的不可预知体验的兴奋感……"为了这样的幸福与刺激，她说："我们要违反自己的生物直觉，把自己置于风险之中。"但同时她又说："我们并非无视恐惧，而是要培养深刻的自我意识，并进行深思熟虑的风险评估，从而与恐惧建立起独特的关系。"

所以我们相信她在比赛后接受采访时所说的话："我来这里并不是为了打败其他选手，我只是想去打破自己的界限。"在这样一个打破自己的界限的过程中，她感受到了恐惧，也感受到了那种无与伦比的幸福与激情。

在那篇文章的结尾，谷爱凌说道："虽说我个人和这个世界的视角总会随着时间的推移而演变，但有一件事是不会变的：无论时间过了多久，在恐惧面前的我都会是一个无可救药的浪漫主义者。"

读到此处，我有一种被电流击中的感觉，这是怎样的一种生命状态啊，如此的令我艳羡。竟然想起了司马迁在《孔子世家赞》中的文字：

《诗》有之："高山仰止，景行行止。"虽不能至，然心向往之。

打破才是新生

打破界限的本质并不是毁灭与抛弃，而是丰富和新生。

谷爱凌用运动去追求超越国界和文化边界，这并不代表她背离了中国和美国，相反，她超越的姿态可以让她真正吸收两种文化的精华而变得更加开阔均衡，而不是因为拘泥固守而显得局促狭小。更因为如此，她才有能力成为中美之间的桥梁，因为，她清晰明白两种文化的审美与价值判断，也了解两种文化的短板与不足。

谷爱凌没有听从妈妈的建议，不代表她作为女儿和妈妈产生了裂痕，相反，她成了更加令妈妈骄傲的女儿。爱和尊重并不是盲从，打破旧有的惯性是对爱更理性的诠释和丰富。

因此，我们要鼓励孩子们去打破生命中的诸多局限，提升高度，获得成长。同时，我们更需要反思自省，很多局限恰恰是我们附加给孩子的。因为成年人的局限而导致我们的孩子也产生了局限，这是教育中的悲剧。

举个正面的例子。很多人称谷爱凌为"天才滑雪少女"，她却说自己只有0.1%的天赋，她说："我想让所有人知道的是，我不是只靠天赋，否则就太不公平了，因为我非常非常努力。"这句话听上去很熟悉，因为她的妈妈也有相同的价值观。她的妈妈在赛后接受采访时提到，她遵循的来自谷爱凌老师的教育原则：不要纠正孩子的错别字，不打击孩子的创造力；少点表扬他们的聪明，多点表扬他们的努力。师长没有局限，孩子才可能更加开阔。

祝愿每个人都能够打破生命的诸多局限，成就更好的自己，不论是孩子还是师长。大家共勉！

教育的可能

2022年，北京冬奥会，滑雪运动员谷爱凌火了。她的成功带给我们教育人诸多思考。

按照我们常态的观点，谷爱凌应该是一个逆袭者：她出身单亲家庭，但是阳光开朗；她有个"虎妈"，但是却亲子关系和谐；她是个传统意义的体育生，但是她学业成绩优秀，进入了斯坦福大学读书。

这样的逆袭如何得以发生，有很多角度可以去分析，比如，她的母亲是个非常了不起的人。但是我想表达的角度是，谷爱凌本人所体现出来的勇敢开阔让我动容。至于是什么样的教育培养出了这样的生命，这就需要我们继续深思了。

没有信仰，谈何求知

清华大学原校长梅贻琦说过："所谓大学者，非谓有大楼之谓也，有大师之谓也。"

我们常感慨民国时期出了很多大师，大师的核心在于"独立之精神，自由之思想"。对于现在这个缺乏大师的时代来说，教师个人的思想和灵魂就显得尤为重要。"君子求诸己"，我们不要把一切都归咎于时代，而是要反躬自省，反思自己对于教育教学到底有着怎样的理解，我们的教育行为是否能够给学生带来真正的价值。

求知可以成为一种信仰

基础教育中的学校核心工作，通常分为两个大的板块，一个叫教学，另一个叫教育或者德育，也就是学生管理。我们老师的大部分日常工作也都属于这两个板块。假若我们超越具体的细节从更长远的角度来思考这两块工作，就会发现它们意义非凡。

教学是让学生学会求知，而德育其实是让他们学会去爱，爱身边的同学、父母、老师，逐渐延展到人类之外的事物，如对动物的怜悯、对环境的爱护这种更大的悲悯的情怀。其实这也指向了人来到这个世界后最值得追求的两样东西：求知和爱。

求知和爱，是人生最重要的意义。我们生来就有着许多难以摆脱的局限，但我们能学习，我们能去爱。这两样东西能够让我们很坚实地在这个世界上存在，影响周遭的世界，获得真正意义的满足。从某个角度说，除了求知和爱，人生毫无意义。如此说来，求知和爱其实更应该是一种权利，是造物主或者上天赋予人类最珍贵的礼物。然而我们反思现实教育，学生会不会把爱和求知作为一种天赐的礼物，他们是否能够意识到求知和爱是人类存在于这个世界最大的理由？如果一个人能够意识到这些，他一定会是比较成功的人。如果一个人对求知毫无兴趣，内心贫瘠而又冷漠，他也一定不会成为什么了不起的人。

说到这里，我们会发现，学校的存在支撑起人类最珍贵的东西：求知和爱。而我们从这两个最珍贵的东西出发，再往上走一层，会发现它就接近了一个我们经常讨论的问题——信仰。信仰一般都具备这两个特征：第一，它一定充满着爱，这个爱既有对尘世间的爱，也有对形而上的神与天的爱和敬畏；第二，任何一种信仰都宣称自己拥有对世界的洞见，了解世界的真谛，信仰者都是最大智慧的拥有者和分享者。从这个角度看，我们也就会明白信仰的缺失所带来的局限。缺少信仰的人往往缺少爱，缺少敬畏，缺少对于真理的渴望与追求。对于教育者而言，我们的使命就是让学生学会求知，学会爱。好的教育应该让学生建立起对于爱和求知的信仰。教学的最高境界就是使我们的学生把求知当成一种信仰。假若我们能达成最高境界，教学就会呈现出神圣的光芒。

问题又来了，很多人觉得信仰很高、很缥缈、很虚无，其实不然，信仰和世俗的联结可以非常的紧密。我们可以通过世俗生活的调整建立起一种稳定的信仰，而那时，信仰同样也会呈现为一种世俗生活的样态，比如一种稳定的习惯与稳定的思维方式等。

举个例子。"9·11"恐怖袭击事件中，美联航93号航班被恐怖分子劫持，由于飞机晚点起飞，飞机上的乘客有时间与地面联系，了解到飞机撞入世界贸易中心大楼与五角大楼的信息，他们得知了恐怖分子的劫机计划，最终采取了行动，迫使飞机坠毁。根据美联航93号航班乘客与地面的通话记录，在发起与恐怖分子搏斗前，乘客们对是否对恐怖分子发起攻击进行了一次投票表决。据电话记录，投票的结果是所有的男乘客一致通过向恐怖分子发起攻击的提议。即便在飞机被劫持这样极端异常的情况下，这些乘客们也没有放弃。这些理念已经成为机上乘客生命中的最高准则，在死亡面前也不更改，这就是信仰。

信仰并不一定是个造神的运动，相反，他可能仅仅是一种"顽固"的生命姿态，一种已经融入生命的姿态。正如孔子所说"从心所欲不逾矩"，随意的举手投足间都有着无形的原则。这就是信仰，不管如何颠沛流离，这个东西都不会丢掉。所以信仰并不缥缈，它就是在尘世间的一种生命姿态，它可以属于所有人。

所以说，教学的最高境界是让学生把求知当成一种信仰，这个追求并不抽象，也不虚无缥缈，相反，这个追求可以呈现为具体可操作性的行为，并最终可以达成可外显的目标。我们可以从三个方面试着来解读信仰，进而思考作为信仰状态的求知会是什么样子。如此，我们就可以用教育行为来引导学生逐步达成对于求知的信仰。

信仰与行为的坚守

首先，信仰一定要包括坚守，这种坚守可能是仪轨或某种行为。具体到教学领域，我们应该通过教育来引领学生树立终生学习的意识，然后通过我们的陪伴与管理让学生拥有持续学习的行动，最终行动强化了意识，意识推动更稳定的行动，在行动与意识互动的过程中，对于求知的信仰就会慢慢成形。

在这一过程中，教师本身要有格局与境界，然后要体察到学生的功利与局限所在，找准痛点与关键点，做好相应的教育。下面列举几个教育过程中的关键点或者说是痛点。

第一个痛点是：考试前后学生的状态会出现起伏。

很多学生只将学习看成是一个备考的过程，看成是一个提升社会地位的路径，因此，功利就是必然的，考试前后状态起伏也是自然的。在考试之前，刻苦勤奋；考试之后，松散懈怠。熬过高考过后，撕书庆祝，从此刀枪入库，马放南山，这辈子就"躺平"了。这样的起伏对于生命个体和民族整体都是一个悲剧。对于个体而言，缺少持续的动力和行动，生命的潜能就无法真正释放；而对于民族整体而言，我们的人力资源的优势便荡然无存，因为忍受煎熬和煎熬之后的懈怠与"躺平"已经成为许多年轻人的内在生命逻辑，荒谬而可怕。

面对这样的问题，我们师长要做的是：

降低对于考试分数的关注度，而对于考试所反映出来的学生知识和能力上的漏洞，要重点关注。要把精力花在行为的调整而不是情绪的宣泄上。在后续指导督促学生学习的过程中，理性、温和但不失坚定。师长的理性会引领学生的理性。

保证自己的状态在考前考后稳定一致，甚至考后对工作的要求会更加细致精心。师长的严谨会直接影响学生的严谨。

对于考试所反映出来的自己教学上的问题同样做深刻反思，与学生交流。师长的自律与谦逊会增加学生对于师长的信服与尊敬，有了信服与尊敬，教育的效率就会大大提高。

第二个痛点是：假期前后学生学习状态的起伏。

很多学生学习的动力来自外部的督促和推动，而不是来自内在的驱动力。所以，当假期来临，自由空间增大的时候，学生就会因为外在干预的降低而出现散漫与懈怠。很多学生假期中完全放飞自我，快开学的时疯狂补作业，开学后还要花很多时间来调整状态，适应新的节奏，导致时间浪费和效率的低下。

解决这一问题的关键在于内在驱动力的调动，而内在驱动力又来自自我探索与自我规划。所以师长要在平时的教育过程中增加师生互动和生生互动，在互动中引领学生探索世界，认知自我，这样的工作需要长期坚持，虽然看似见效慢，但日积月累，最后的质变会是惊人的。

再者，师长要用自己的生命状态来告诉学生，我们是有内在驱动力的，所以我们的行为是稳定而持久的。客观地说，当下有独立人格有内在驱动力的师长是稀缺品。毕竟，他们也是在这样的教育环境下成长出来的。说改变，谈何容易，"以己昏昏"来使人昭昭，那是不可能的事。但是我们还是要尽力而为，努力向上，让自己能有一份心安与自我认可，那可是幸福与快乐的源泉。

第三个痛点：在学科之间划分高低贵贱。

学生容易根据不同学科在考试选拔中的重要程度将学科分出高低贵贱。在所谓"重要"的学科中，投入良好的学习态度和更多的学习时间。而对于所谓"不重要"的学科，则较少投入，甚至会在这些学科的课堂上完成别的学科的作业。这样的行为背后依然是一种短视和功利。

其实知识本身并无高低贵贱，每一个学科都有其不可代替的价值。只是这样一份价值的呈现需要以更长的时间和更大的世界作为前提。在特定的时间和环境中，我们因眼前功利的追求而将知识分成高低贵贱，这会留有后患。如此一来，知识便不再是目的而仅仅是工具和手段，今天为了特定目的可能重视某些学科，而明天同样会为了某些特定目的而放弃这些学科，没有什么神圣和纯粹，一切都是利益考量罢了。然而缺少对于知识纯粹而长期的追求，我们怎么可能会有好的科研与创新。我们在科技创新领域的乏力其实在基础教育阶段就埋下了伏笔。一切都逃不过因果律。

面对这一问题，我们师长要做的就是用行动来体现自己的专业尊严。我们要尊重自己的专业和课堂，也要尊重别人的专业与课堂。作为所谓"主科"老师，不因为考试需要占用"副科"老师的课堂，作为所谓"副科"老师，也要坚信自己学科的专业价值，站稳课堂，守住学科阵地，绝不轻易将自己的课堂时间转让给其他的学科老师。只有如此，我们才能够继续和学生去渗透更多的价值观，学生才有可能因为我们的专业和坚定而选择相信我们的观点。

信仰与激情

信仰的第二个要素是激情。信仰一定伴随着激情，或偏外显的，或内在涌流的。

从长远和本质看，激情来自对慈悲和智慧的感悟。但从表象和起点来说，激情首先来自布道者。如果布道者都没有激情，信众的激情从何而来？当然，布道者的激情来自对信仰的虔诚，而对信仰的虔诚又来自对于信仰所包含的慈悲与智慧的敬畏。

在教学领域，在课堂上，教师就是那个布道者。"师者，所以传道受业解惑也"，此言不虚。我们需要反思：为人师长，我们是否对自己的学科，对教育有着一种信仰般的敬畏与虔诚。我们是否把这样一份敬畏与虔诚，以及随之而生发出来的激情展示给了学生和家长。

我在讲授国学课的时候，有一个很明显的体会。我分享一句经典给学生，假若我的分享只是就文字谈文字，他们能够接收信息，但同时也就局限于此。但假若这句经典和我个体的生命体验有过碰撞与融合，我再去分享的时候，谈及心中真切而灵动的感受，教学效果就会大有不同。哪怕有时观点还是那个观点，但是我的状态是不同的，我的眉眼之间，我的肢体语言，都会不同。同样，学生表面上可能也都是沉默，但是我能看到很多不同：他们眼中的光，或明亮或坚定；他们可能会突然坐正身子，或者身体不自主地微微前倾；他们有的会手托着腮，若有所思。那一刻，我很确信，我是个还不错的老师，或者说是个不错的布道者。当我能够真正体会到经典背后的智慧的时候，我就会发自内心地热爱那些古老的文本，我的热爱就能唤醒学生内在的激情，他们就会去克服文字本身艰涩等方面的困难，去感受我们的文明传统的厚重与深刻。

一个老师的激情来自对自己学科专业的热爱，也来自对于教育本身的热爱。教育绝非小术，教育关乎个体生命之完整，国运之兴衰。为人师者，当领悟到此意义，不可不慎。当我们这样理解自己的职业，就会自然而然地沉稳厚重。如曾子所云：

士不可以不弘毅，任重而道远。仁以为己任，不亦重乎？死而后已，不亦远乎？

然而当我们看轻了自己的职业，自然也就会看轻自己，在工作中的审慎就会降低，更不用说那种"战战兢兢，如临深渊，如履薄冰"之感。人也就变得轻飘飘起来。

如果老师对学科和教育有了激情，我们就具备了点燃学生激情的基础。当然，我们还要提升课堂质量，或者说提升布道的智慧，让课堂教学充满激情，如此才能更好地点燃或者唤醒学生内心对于真理的渴望与激情。

课堂中的激情往往来自授课内容与学生及其生活的靠近。那些优秀的布道者永远都会尊重受众，用受众能听得懂的话和他们身边的事例来传递思想，如此一来，上课也罢，布道也好，过程就会很高效，很燃。读一读国学经典，我们就会发现，其中充满着故事和比喻，而且这些故事都和受众及其生活时代非常的贴切。

举个《论语》中的例子。孔子的三位学生问孔子关于"如何是孝"的问题，孔子做出了不同的回答。

孟武伯问孝。孔子说："父母唯其疾之忧。"孟武伯是个勇猛莽撞的人，估计经常在外边惹是生非。孔子便针对他的情况说，除了生病以外别的事儿别让父母担心，因为生病与否自己无法控制，但是其他的事还是要自己控制好。

子游问孝。子曰："今之孝者，是谓能养。至于犬马，皆能有养；不敬，何以别乎？"现在的孝是说能赡养父母，狗和马同样也能有饲料来养活，如果不尊敬父母，那么如何区别赡养父母和饲养牛马呢？

子夏问孝，孔子的提醒是"色难"，就是保持要尊敬的态度和柔和的脸色。

孔子的回答之所以不同，就是因为都切中了提问者的要害处。

布道的激情来自布道内容与受众及其生活的贴近，教学也是如此。布道的激情还来自布道过程中的思维含量与思维强度，教学同样如此。在佛教典籍尤其是禅宗的典籍中，我们经常可以看到很多师徒间机锋棒喝的故事，在看似寻常的对话中，隐藏着太多的山重水复，柳暗花明，在得道高人的面前，不经意间的指点似乎都能让人茅塞顿开，醍醐灌顶。毫无疑问，这样的场景蕴含着更高层次的激情，因为那是思维高处的碰撞。

我们再次借鉴下孔子的智慧，客观地说，孔子绝对是一个优秀的布道者。他曾经讲过这一句话："不愤不启，不悱不发。举一隅不以三隅反，则不复也。"孔子是启发式教学的鼻祖。"启发"的前提和关键在于学生要有"愤"和"悱"的状态。"愤"的意思是苦苦思索而没有答案，"悱"是想到了一个答案但没有办法用言语去表达。孔子说，只有一个学生到了"愤"的时候，如同在黑暗中苦苦摸索了许久，但毫无头绪与希望，此时老师才可以为他做一点小小的提示，也就是"启"，打开小小的缝隙，为黑暗中摸索的孩子带去一丝光亮，这会带给学生极大的提示和引领。"不悱不发"是同样的道理。假若学生在课堂上经常体会到茅塞顿开，豁然开朗，恍然大悟，柳暗花明这些情感体验，他们就会对于求知产生极大的兴趣，从这个意义上讲，求知本来就是一件极有意思极有成就感的事。所以我们不能将教育和教学视为简单的信息传递，教育和教学的本质是我们要创设思维场景，引领学生达到"愤"和"悱"的思维状态，这才是教师的功力所在，因为这需要我们对于学生的知识结构、思维方式和情感状态有着清晰的了解。然后，我们只需要轻轻地"启""发"一下，学生就会有一种恍然大悟的惊喜。这是一种强烈的情感体验，也是点燃学生对于求知的激情的最高手段。

综上所述，信仰中一个很重要的要素是布道的激情和信仰者的激情。我们要想使学生建立起对于求知的信仰，就必须在引领学生求知的过程中点燃他们内心的激情。而欲想点燃学生的激情，有三个重要的层面：其一，教师要有对于学科专业和教育工作的激情；其二，教师的授课要贴近学生及其生活实际；其三，教师要利用自己对于学生清晰的了解，构建合宜的思维场景，引领学生去体悟求知过程的坎坷与美妙，让学生在有思维含量的课堂中充分体验豁然开朗和恍然大悟的情感状态。

信仰与禁忌

任何信仰都会包含一个重要的部分，那就是禁忌。

少有人去追问禁忌的来由，即便每个禁忌都有一个起始的原因。因为原因已经不再那么重要。或许一个禁忌最初有着功利性的考量，但是它一旦成为禁忌，它就超越功利的考量，变成了一个不容置疑的行事原则。

如果我们要引领学生建立对于求知的信仰，那么我们就需要去告知学生以求知作为信仰的体系里不能碰触的一些禁忌。对于这样一些禁忌，我们首先可以很理性地探讨它何以成为禁忌，在思想层面上要和学生们达成共识。更重要的是，我们要通过管理来引导学生在行为上做到不去碰触这些禁忌。直到最后，在稳定的行动中和整体的氛围里，学生们会形成一种信仰层面对于禁忌的定位，而不简单是现实层面的考量。因为当我们从利弊的层面来思考底线问题的时候，底线被突破是迟早的事。

在以求知作为信仰的体系里，考试作弊和论文抄袭就属于常见禁忌的范畴。现在很多学生对于这些问题的思考往往都是功利得失层面的，其实这已经出现了问题。我们希望学生对于作弊这样的事情有一种天然的心理层面的厌恶感，是一种强烈的直觉层面的否定。这是一种信仰的状态。

面对这些问题，首先是作为读书人的师长要有自己的坚守，要有不能被突破的底线，要有不能被碰触的禁忌。然后，就是简单地坚持，日子久了，孩子就会被我们熏染成一个美好的样子。

小　结

如果在教育中，我们能够引领学生将求知树立为自己的信仰，能够有持续的学习行为，在求知的过程中充满着激情与愉悦，不会为功利所惑而突破底线。那么我们的教育就一定会非常成功。因为我们的孩子会有强大的内在驱动力，会有持续而相对纯粹的探索，他们有所为，有所不为。从长远看，这样的生命怎么能够不成功呢？

有人可能会心存疑虑，太过于纯粹的孩子在社会中会不会吃亏呢？其实大可不必担心。和大家分享一句罗素在《教育与美好生活》中的话：

在一个伪善的社会，诚实会有些不利。但诚实的人必有无畏之心；而跟无畏所带来的益处相比，诚实所带来的不利何足道哉。

求知应该成为学生的信仰，教育应该成为师长的信仰，在信仰里，我们获得自己存在的意义，完成真正的自我实现。成为一个有自我认可，有崇高感的生命，这是一份难得的幸福。

教育的可能

2014年8月25日，我受邀参加北京四中房山校区的教学工作研讨会，这篇文字是根据发言录音整理而成。回看当时的思路与想法，我竟然还会心潮澎湃。

感谢我的导师金泽教授和卢国龙教授，是他们给了我更多思考问题的维度，信仰就是其中最重要的维度之一。不同维度的碰撞与互动会带来许多有新意的启发，而把教育和信仰放在一起去思考和讨论时，那些启发就愈发奇特而有趣。

用我的文字，向我的老师致敬，向我身边那些视教育为信仰的同行致敬。

高一步立身，求得教育的真相

高一年级的家长朋友：

大家好！

期中考试已过，几家欢乐几家愁。老师们和我反映说，部分同学和家长有点微微的焦虑，我在和同学们交流的过程中也发现了有些同学因为环境适应和学业成绩出现了心态的起伏。便想着和大家分享一点学校的思考，希望能够帮助大家缓解些许焦虑，也希望这样的分享能够促进我们的共有价值观，毕竟，我们还要一起走更远的路，爬更高的山，心意的相通是很重要的。

认真思考下来，尽管大家对于焦虑的表达有所不同，但背后有着相对聚焦的原因，那就是对于未来不确定的忧虑：对于平均分绩点（GPA）的不确定，对于未来标化考试的不确定，对于大学申请结果的不确定，进而似乎是人生命运的不确定。而在外部，疫情和国际形势的动荡也带来了很多的不确定性。内外交困，忧虑的发生似乎也是情有可原。但无论如何，我们还是需要努力疏解焦虑，因为焦虑会影响我们的心情，影响亲子关系的质量和整个家庭的情感氛围。更重要的是，焦虑的背后可能是我们认知的局限甚至是理性的缺失，这份局限和缺失会影响到我们对于教育的理解与追求，方向错了，缘木求鱼都是小事，拔苗助长、杀鸡取卵、南辕北辙、盲人瞎马才是真正可怕的事。

疏解焦虑需要动用理性的力量。

《菜根谭》中有云："世人为荣利缠缚，动曰：'尘世苦海。'不知云白山青、川行石立、花迎鸟笑、谷答樵讴，世亦不尘，海亦不苦，彼自尘苦其心尔。"我承认外部不是完美的，但就教育领域而言，如果我们愿意深刻反思，就会发现，或许问题的关键在于我们的内心。我们的焦虑源于内心的无明，急切与功利，亦或是偏执与虚荣。

《菜根谭》中又云："立身不高一步立，如尘里振衣，泥中濯足，如何超达？"所谓高一步立身，本质就是用理性来还原事物的本来，提升自身生命的格局，清醒地发力追逐。

纯粹：用理性还原教育的本来

对于教育的本来，每个教育者心中都有自己的答案。基于不同的答案，也就有了不同的教育行为。很多年来，四中人一直在追求做纯粹的教育。所谓纯粹，并不是脱离实际的自我标榜，而是要运用理性来还原并求得教育的本质意义。

于人类而言，教育是人类主动发起的自我进化，应对各种挑战，延续文明的光芒；于国家与民族而言，教育是培养具有民族归属、身份认同的下一代，让他们应对具体时空中的挑战，带领族群走向一个更加开阔和美好的世界。

于微观家庭而言，教育追逐的意义就是让孩子能够独立而有尊严地行走在未来的世界。因为自然规律，我们都会慢慢老去直至离开这个世界，有很长的一段路，我们无力陪同，或者直接缺席，孩子们需要自己走。我们希望他们能够行走得稳健而有尊严，充满着活力与温暖，教育就是为这一期望所做的准备工作。通过教育，孩子能够应对未来的挑战，追求人生的幸福。

所以说，教育从来就是长期主义的，而不应该是短期的、功利的和局促的。从这样的角度出发，我们会发现，孩子迎接未来的挑战所需要的资源更应该是：健康的身体、独立的人格、良好的亲密关系、强烈的求知欲望、反思的习惯、面对挫折的淡定从容等。而这一切自然也就是家庭教育和学校教育应该追求的首要目标。

然而，有一些父母和师长并不这样思考，他们选择了更看重眼前的目标，也就是优秀的学业成绩和良好的大学申请结果等。在他们眼中，这是一个更加务实的思路，而长期主义的那些目标似乎不过是一种看不见摸不着的空幻。务实并没有错，但是务实极易过度从而演变为功利，所谓过度，就是指因为短期目标的追逐而伤害了那些支撑生命长远发展的素养的形成。

选择一旦趋向功利，焦虑便不可避免。

目前的环境下，学生所经历的大多数成功都基于一个特定的竞争模式：其一，竞争设定了具体维度；其二，成功是对同伴的超越，一将功成万骨枯。某种意义上，这是个零和游戏，有人成功就有人输。

这样的竞争模式是在资源有限的情况下保证公平的最有效的手段。当然，国家也在努力优化评价制度来引导教育过程更多关注立德树人和学生的全面发展，但是，不能否认，公平依然是目前评价制度追求的最大价值，在找不到更好的替代模式前，它的存在是合理的。但是，这样模式下的成功充满着太多的不确定。追逐这样的成功，有两件事非常重要：第一，紧盯外在的评价标准。

第二，牢牢盯紧同伴。我前进了两步，但如果同伴都前进了四步，这相当于我退了两步。

但问题是，决定成功与否的关键点却无法由我们自己掌控：标准不在我们手中，同伴的具体表现我们也无从得知。因此担忧甚至是焦虑就不可避免。为了追求成功，我们只能更加去关注所有评价标准的细节，从 ACT 与 SAT 考试的区别、AP 课程的选择到托福等标化考试报名的合宜时间点等，生怕因为一点不了解而导致失利。另外，我们必须紧盯同伴，看到同伴的优秀，由衷也带点尴尬的祝福之后便是自己痛下决心的领悟……一切都越来越卷。

我们需要高一处立身，看到这种竞争模式的合理性，也要深刻理解这种模式的局限。这样关注短期的竞争模式其实从本质上是在着眼于社会公平问题，至于个体生命持续的成长、个体灵魂的完善与丰盈等问题，可能是有心无力。所以孩子即便在这样的竞争中获胜，也并不代表教育的最终成功，人的一生很长，时间是最神奇的魔术，十八岁时在一个特定维度的成功或许并没有想象的那么重要。换一个角度，在这样的竞争中输了，其实也并不可怕，每一个独特的生命都是无法替代的资源，生命很长，事定犹须待阖棺。真正可怕的是，在这样的竞争和内卷中，我们忘却了自己是一个独一无二的存在，也忘却了自我超越其实也是成功的一种，甚至是更重要的一种。当我们开始习惯于功利地迎合外在标准的时候，我们可能会慢慢失去内心最真实而灵动的声音，而一旦失却了内在独立的声音，生命就会丧失独立人格，开始萎缩甚至是停滞，即使偶尔有所谓的进步，那也不过是外部力量推动的结果罢了。当我们始终将同伴视为竞争对手而忘记自我超越的时候，我们就会有戾气、有嫉妒心直至最终的彻底厌倦，躺平摆烂。所以，我们应该基于长期主义的思路去追逐教育的意义，推动生命持续发展的一定是生命个体基于自我理解所发起的自主的生命意义的建构。我们要关注孩子对于自己生命的发现和了解，要关注孩子对自己的生命充满渴望的自主建构。孩子在了解自我和建构自我的过程中会有许多生动的生命体验，会有丰富的感受与思考，会有很多默而无声的进步，这就是孩子的成长。然而不管是发现与了解，还是建构，都将是一生一世的过程，我们不必着急，也急不得，欲速则不达，见小利则大事不成，此言不虚。

温暖：教育目的与教育路径的合一

再说说理性还原下的教育的具体过程。教育是人与人的互动。亲子互动、师生互动、同学互动构成了教育的绝大部分内容，各种互动的质量也决定了教育的质量。没有良好的沟通渠道，再好的内容也无法有效传递。

四中人追求温暖的教育。我们追求家校间、师生间、同学间温暖的互动，也力图引领亲子间进行温暖的互动。这样的追求依然是基于长期主义的思路。

生命的尊严与幸福是教育的终极目标。四中要"培养杰出的中国人"，同时，也尊重并鼓励学生选择做一个"幸福的普通人"。孟子将人生的追求分为两种，一种是"求之有道，得之有命"，一种是"求则得之，舍则失之"。在我看来，优秀和卓越属于前者，而幸福属于后者。幸福不能只属于强大的胜利者，每个人都有幸福的权利。因为，幸福的关键不在于能力的高低，而在于关系的温暖，尤其是亲密关系的温暖。

温暖与幸福是教育的目的，也是教育中最重要最有效的路径。四中人提倡"以人育人，共同发展"，具体说来就是："以行为影响行为，以品德培育品德，以能力提高能力，以理想树立理想，以情操陶冶情操，以境界提升境界，以人格塑造人格"。只要情感温暖互通，教师拥有的一切美好都会成为教育的资源，师生双方在生命的诸多维度上相互影响，彼此成全，潜移默化中，教学相长，师生都换了新颜。所以，对于老师而言，最重要的素养其实并不是知识层面的，而是对于孩子的爱与了解。没有爱与了解，尊重与包容，引领与提升都无从谈起。老师对孩子的爱可以表达为三句话：老师要看见孩子，老师要创造路径让孩子看见世界，并引领孩子在看见世界看见众生后看见真正的自己。此处不再赘述，因为我的同事们已经用行动做了诸多的表达。

良好的师生关系非常重要，但毫无疑问，在教育中，亲子关系才是最重要的关系。孩子需要从父母这里获得无条件的接纳与包容，这对于孩子的一生都无比重要，尤其是在他们面对人生风雨的时候，在他们陷入低谷，开始自我否定的时候，在他们觉得这个世界似乎不值得留恋的时候。在这些可能来临的极度黑暗的时刻，父母的接纳就会是那最亮最暖的一束光，让孩子走出灰暗与冰冷。因为，无论如何，孩子都会是父母心中不可替代的珍宝。这不是夸大，而是上天赋予这份关系的本然与真相：亲子间的双向接纳是超越技能超越容貌的，甚至是超越道德和善恶的，那是一种我们无法对抗的生命直觉。有人说，幸运的人用童年治愈一生，不幸的人用一生治愈童年。所谓的幸运与不幸，它们之间的区别就在于是否拥有了这份接纳吧。

所以，希望诸位在孩子们的学业等方面出现问题的时候要保持自己情绪的平稳，避免过分的责备，更不要用情绪的宣泄来转移自己的焦虑，要做好真正的接纳。中国有易子而教的传统。孟子说："古者易子而教之，父子之间不责善。责善则离，离则不祥莫大焉。"之所以要易子而教，是为了保全父子基于天伦所自然拥有的那份情感，这是最大的价值，为了一点知识的学习而破坏了这份圆融，不值得。其实每个孩子对于父母都有那种天然的依赖和亲近，也有自然的尊重与敬畏。每当我看到那些亲子关系紧张、鸡飞狗跳的家庭，我心里总会在想，这父母是做了些什么，才能将孩子推得那么远，还整得孩子这么肆无忌惮没规矩。

有人可能会说，如果只是一味接纳，那还管不管孩子的前途了。其实，我这样的教育主张背后也是有理性支撑和数据支持的。基于我二十余年的教育实践，我可以说：只要亲子关系不出问题，即使最后孩子不见得多么卓越，也都不会差，不会崩盘。而亲子关系出现裂痕的，后续的问题总会爆发，即使拥有学业、工作等方面的辉煌，似乎也难掩现实中因关系疏离而带来的黯淡。开一句玩笑，出来混总是要还的，如果我们构建了一个亲子沟通中错误的逻辑：只讲是非对错，缺少包容和接纳，认为严苛的背后是爱。那么，当我们老了，孩子也会用这样的逻辑和我们相处，估计那时的我们可能很难接受，也会无比的痛苦，因为我们在知识和能力上可能已经变成了绝对的弱势。

当然，大家望子成龙、望女成凤，心情可以理解。但我还是要给大家泼点冷水：所谓人中龙凤，真正的天才都不是人培养的，人培养的那叫人才。我遇到过一些极为优秀的学生，但我从不认为那是我培养出来的，我不敢贪天之功。无论是做老师，还是做父亲，我始终相信，教育要做的是守住一些底线，这些底线是生命的必需品，其他的都各安天命了。这些底线包括：温暖的亲子关系，良好的道德水准等。

我似乎有些语出惊人，但是如果大家愿意认真观察下周围的亲戚朋友，反思下自己的人生历程，大概就会意识到，我说的应该是有道理的。

创新：打破思维惯性与盲从

如上所述，很多道理逻辑是清楚的，有些师长也认为这些道理是对的，可他们并不践行，而是选择逃避与盲从，逃避到固有的思维之中，逃避到一股因数量而确定的主流之中，在主流里寻找安全与归属：大家都一样，心里就踏实，即便错了、输了，我也不是一个人。

为什么会有这样的反差呢？我想那是因为，打破固有的惯性与节奏是痛苦的，用心思考是痛苦且孤独的。但是，我觉得我们应该承受这样的痛苦与孤独，这是为人师长的宿命，是我们不容推卸的责任。我们不能用简单的物质和体力付出来麻醉自己，进而为教育结果的不理想甩锅。

最后我想谈谈教育的创新。

最近几年，四中人明确将"创新的教育"作为自己的追求，这不是要另辟蹊径，而是回归常识，实事求是，打破庸俗的思维惯性，返璞归真，避免盲从。创新是教育的应有之义，教育要应对未来的挑战，这就意味着教育者需要认真分析自己所处的位置，与时俱进，根据变化的趋势来思考预测未来可能的样子，一切从变化的实际出发。

未来已来，外部世界的变化已是天翻地覆，我们的教育领域自然不可能依然波澜不惊。我们需要打破思维的惯性，用理性来关注现实，调动思想资源，发现真问题，解决真问题。

比如，我们需要关注时代的变化并在教育中去应对变化，不同的时代需要不同特点的人才，需要不同的教育。农耕时代，生产力低下，技术进步缓慢，人类面对自然的力量主要依赖于自身的凝聚力，所以农耕时代的教育就比较注重伦理道德的灌输和秩序意识的培养；工业时代，社会化大生产需要大量流水线上的工人，所以教育也就类似于流水线，统一的课程、统一的教材、统一的授课模式，培养大量同质的技术工人来为工业时代提供人力支撑；后工业时代，网络发达，分工愈发细密，我们对人才的界定标准开始日益多元，一个个独一无二的生命可能就是最大的生产力，对于孩子个性的尊重和挖掘自然属于教育的应有之义。

比如，我们很多人依然认为学历可以改变命运。但是随着社会形势的变化，高考扩招，学历的价值已经严重缩水。学历重要，但是相对于其实际价值，我们为学历提升所付出的热情和精力已经开始显得盲目。毕其功于一役的思维逻辑已然过时，保持终生学习的热情与行动才是王道。

比如，我们都在追求学生良好的学业成绩。很多师长总是认为加大时间投入，大量刷题，教师对于学生严格的要求就是最稳妥的提分路径。即便这样的措施在当初的自己那里都没有奏效，现在却依然心安理得地将之用在孩子身上，而不去更加理性地思考，到底怎样才能提升孩子的内在驱动力，如何才能让孩子真正养成终身受益的习惯。

再比如说，我们当下对于学业竞争的热衷，其实来自资源短缺带来的危机感。于社会整体而言，这样的逻辑有一定的合理性。然而对于不同的群体来说，这样的逻辑就未必具备普适性。就像人类对于食物的追求，我们大都喜欢高糖高油食物，这并不是简单的口味问题，而是在人类进化过程中所做出的理性选择，最终以本能的形式潜藏在人类的基因之中。我们的祖先面对食物短缺，遇见高油高糖食物便大量摄取，提升生存概率。然而，时过境迁，对于今日大多数人来说，食物已经不再短缺，但是我们却无法克制对于高热量食物的偏爱，被这样的惯性支配，不知不觉间摄入大量的热量，导致肥胖进而引发一系列健康问题。所以我们需要反思：我们追逐的真的是我们需要的吗？真的是我们想要的吗？对于我们真实有用的事物到底是什么？不同的人会有不同的答案，会有不同的选择与追求，只要逻辑自洽，都值得尊重和包容。但前提是我们要有认真的追问与思考。

通过这些零散的例子，我们会发现，不管是因为懒惰还是因为庸俗的安全感或者什么别的因素，我们总是习惯停留在一个旧有的思维模式中。因此，我们为人师长，还是要勇敢一些，运用理性，去打破思维的惯性，享受思考者的孤独，去追求我们心目中最理想最合宜的教育。为了下一代能够自如地行走在美好的未来，一切都值得。

尾声

小结一下，四中国际校区是四中的一部分，我们都是四中人，享有四中人对于教育的理解。让我们一起，站在长期主义的立场，追逐那些充满确定性的价值，不被功利心蒙蔽，避免纠结于眼前的不确定，戒除浮躁与焦虑，去共同追求教育的纯粹温暖与创新，彼此支撑，彼此成全。期待登顶时的相拥！

教育的可能

这封信是在2022年11月份应同事邀请写给家长朋友的。期中考试刚过，有的家长朋友有一些情绪上的起伏，学生也有类似情况。同事们希望我能够结合四中的教育理念给家长朋友们一些疏解和宽慰，我很开心地答应了。我始终认为，家校间需要良好的沟通来凝聚情感，形成共同的价值观，用温情和智慧陪伴我们共同的孩子。

信的主要内容概括如下：高一步立身，还原教育的真相，走在长期主义的道路上，追求教育的纯粹、温暖与创新，用理性和确定性来对抗摇摆与不确定，平和淡定，求得教育的真价值。

教育是温暖的彼此成全

教育的质量取决于教育中各类关系的质量。

教育中包含着诸多关系，其中最重要的莫过于亲子关系和师生关系。

亲子关系和师生关系的状态直接影响到孩子独立人格的养成。严格意义上讲，独立人格并不是被培养出来的，随着孩子生命的成长，独立人格会自然地浮露出来。对于独立人格的追求，我们更需要做的不是加法，而是减法，只要我们去掉那些不必要的束缚，不让孩子的独立意志消解在师长的权威与安排之中，孩子的独立人格就会自然呈现并逐渐发育成熟。

师长的表现除了会影响到孩子的独立人格，还会影响到孩子发展的各个方面。师长的品格、价值观、审美都会以潜移默化的方式影响着孩子的成长。再者，师长对于孩子的情感状态、知识结构、思维方式等方面的了解程度又决定着他们的教育行为是否能够真正从孩子的实际出发，进而达成教育的实效。

教育中其他一些重要的关系还包括：孩子与同伴的关系，孩子和历史文明的关系，孩子与自然的关系，孩子和自我的关系等。

高质量的同伴互动会促进孩子精神生命的成长。而且随着年龄的增长，同伴间相互的影响力会逐渐增大。

孩子和历史文明的关系非常重要。人类有了以文字作为载体的文明，就部分摆脱了个体生命的局限。作为生命短短百年的生灵，人类却可以在千年的文明史中汲取养分，思考并处理问题。文明给了孩子根脉与归属，也给了孩子理性与方向。

从宏观的角度说，个体的生命只有栖身于民族文化的原野，才能体悟到归属与温暖，甚至还会有一份崇高感，进而摆脱掉孤独与迷茫。在文化的原野上，很多人用自己的生命诠释着他们所理解的价值与方向，我们可以用心去感受那些高贵而有趣的灵魂，然后，我们会自然地有选择，有追随。而且我们绝不孤单，会有很多的同道同行。在那一刻，我们的心中有了更大的格局与视野，和这个时空有了千丝万缕的联结。纵有千古，横有八荒，我置身于其中，当仁不让，这是何等的气魄与胸襟。

因为这样的归属与理性，孩子的精神世界变得丰盈，他们会对外部世界产生更多温暖的关切，对于自我建构会有更多美好的设想与渴望，这些，都会转化为他们生命中强大的内在驱动力。

孩子需要感受回归自然的自如。人原本就是大自然的孩子，但是当我们生活在钢筋水泥的建筑丛林里，沉浸在虚拟的网络世界里，就开始慢慢失去那份自然本真，心灵开始变得封闭而干瘪。重建和大自然的连接是滋润心灵，回归生命鲜活的重要路径。

在这些关系所包含的互动中，孩子的精神生命在发育成长，他们的格局，他们的审美，他们的慈悲与担当大都与这些互动相关。

孩子能够看到多大的世界，就决定了他们会在多高的层面去思考问题。一般来说，我们在尊重孩子独立人格和个性差异的基础上，会有些共性的引导：

我们希望孩子能够看见天地自然，能够看到历史时空，能够看到身边的同伴乃至更远处的芸芸众生。在这一切之后，最终看到自己，看到自己在天地之间，在历史之中，在现实的人群里。如此一来，他们的生命就会焕发出不一样的光彩。

孩子被周围的世界成全，反过来，他们又会成全这个世界。

教育就是温暖的彼此成全。

母亲的温度，家庭教育的本源力量

百年大计，从娶一个优秀的女人开始。当然，换一个角度，百年大计，也可以从嫁一个优秀的男人开始。只不过这次，我要从娶妻的事情开始说起而已。

唐朝宣宗年间，曾经有大臣因为娶妻的事和同僚结下了深仇大恨。事情是这样的：

著名诗人白居易有一个堂弟叫白敏中，身为大臣的他曾经负责为万寿公主挑选驸马。他选中了当时的状元郑颢，只是郑颢之前已经与范阳卢氏联姻。然而，白敏中是个非常执着的人，他派人在郑颢前往迎亲的途中截住了郑颢。郑颢半路上被追回，迫不得已做了驸马，从此便深恨白敏中。

这两人之间的恩怨大到什么地步呢？

在白敏中外出镇守时，还特意对宣宗交代了一声，说自己走了以后，同僚郑颢一定会不断中伤自己，希望皇上明察，而宣宗则一脸了然地拿出一个盒子，里面全是郑颢之前诋毁白敏中的书笺，并让白敏中放心，自己早就明白，一向就不信这些话，不会被误导。

当时我看到这个事的第一直觉是，这公主是长得有多丑啊，让两个人结下了这么大的梁子……当然，这都是玩笑话了，主要原因是那郑颢原本要娶的卢氏实在是太吸引人，对于他而言比公主强多了，毕竟范阳卢氏可是当时最著名的"五姓女"之一！

何为"五姓女"？其实，这是一个出现于唐代的说法，指的是清河或博陵崔氏、范阳卢氏、赵郡或陇西李氏、荥阳郑氏、太原王氏这五大氏族中的女子。

古代对门第极为看重，比如李白就曾假称自己属于陇西李氏，想让自己沾个名门望族的光，提升一下地位。就连唐高宗时的宰相薛元超，一生富贵至极，也说自己平生有三件憾事：未能进士擢第，没有修过国史，没娶到"五姓女"。

大家可能会想，要论门第，还有比帝王家更牛的门第吗？郑颢是不是脑子不清楚啊？其实郑颢的脑子一点都不傻，而且还有非常长远的打算。

因为"五姓女"代表的不仅仅是门第，更重要的是门第背后的家学和家风。

陈寅恪先生在《唐代政治史述论稿》中曾指出：

> 所属士族者，其初并不专用其先代之高官厚禄为其唯一之表征，而实以家学及礼法等标异于其他诸姓。……夫士族之特点，既在其门风之优美，不同于凡庶；而门风之优美，实基于学业之因袭。

也就是说，唐代的世家大族的核心特征并不在于金钱和权力，而在于家族的学问传承以及建立在学问基础上的良好家风。

钱穆先生在《略论魏晋南北朝学术文化与当时门第之关系》一文中也表达了类似的观点。

因此我们便会知道"五姓女"的高贵之处了。找个有钱有势人家的女子或许能保一世的富贵，但是找个良好学识和家风的妻子则是福泽子孙的百年大计。郑颢果真是个有长远打算的聪明人。

与现代社会相比，古时男人主外、女人主内的家庭格局更为明显，因此有一个好的妻子对家风有着更为重要的影响。在中国的文化传统中，启蒙质量更多都取决于母亲，所以说，每一个伟大的男人的背后都有一个最伟大的女人，那就是母亲。

除了我们熟知的孟母三迁，著名大文豪苏轼的成功也与母亲的教育有着密切的关系。他的父亲苏洵常游学四方，母亲程氏就亲自教授苏轼读书，并常常发表一些自己的见解。

有一天，程氏读到了《后汉书·范滂传》，不由自主地连连叹息，引得一旁的小苏轼好奇地问道："母亲，您为何叹息？"于是，程氏就给苏轼讲了范滂母子的事：

范滂是东汉著名的直臣孝子，他为政清廉，为世人称道，后来因为党锢之祸被下令逮捕，奉诏的官员因此在驿舍大哭，不愿前去缉拿，汝南的县令也表示想和他一起逃亡。范滂生怕连累二人，便主动前往县衙投案。大义凛然的他，只有在母亲面前十分惭愧，深感对不起她。范滂的母亲却镇定自若地表示，他能和李膺、杜密两位名士一样留下好名声，自己已经够满意了，用不着难过和担心家人。

听完故事，小苏轼同样心潮澎湃，他问母亲："我如果想要成为范滂，您能答应吗？"程氏回答："你如果能成为范滂，我怎么不能做范滂之母呢？"母亲的讲述以及回答给苏轼留下了深刻印象，他一生热诚待人、耿介忠直、忧国忧民，和母亲程氏从小的教导是分不开的。

谈了很多古人之事，再聊几句眼前的事吧。

母亲带给孩子的安全与温暖是世间最伟大的情感，也是一个人能够立于世间的最重要的凭借。

农耕时代或许是落后的，但农耕时代的孩子是幸福的，因为他们的妈妈会一直陪着他们，母亲的温度、母亲的气味、母亲的容颜都是触手可及的，这是怎样的一份幸福啊！今天的时代变了，女性要离开家庭去工作，孩子很早就面临着分离的焦虑。所以，我们要了解孩子的不容易，没有办法专职陪伴，那么就提高些陪伴的质量吧，在一起的时候，眼里就应该只有孩子的笑靥如花，不是吗？

农耕时代的节奏是慢的，欲望是淡的，一切都简单而从容，母亲对于孩子就总是带有几分纵容，孩子也就是在这样一份甜腻腻的爱中，感受到一个很简单的事实：妈妈很爱我。现在的时代不一样了，大家都很着急，母亲也不例外，爱开始变得抽象而晦涩起来。很多母亲认为爱孩子就要对他严格些，交流便越来越少，苛求却越来越多，而且都是以爱的名义。

于是越来越多的孩子产生了一个错觉：父母的爱是有条件的，他们只肯为一个优秀的我付出。这样思考问题的孩子确实有一种让人心寒的冷漠，但这又的确是孩子的想法。当孩子不能在情感的直觉上与母亲亲近，问题就很严重了。

我并不是反对严格要求孩子，而是想说，任何时候，我们都不应该破坏那份母子之间最美好、最温暖的天伦。

胡适先生在回忆母亲时这样说：

> 我母亲便把我喊醒，叫我披衣坐起。我从不知道她醒来坐了多久了。她看我清醒了，便对我说昨天我做错了什么事，说错了什么话，要我认错，要我用功读书。有时候她对我说父亲的种种好处，她说："你总要踏上你老子的脚步。我一生只晓得这一个完全的人，你要学他，不要跌他的股（丢脸，出丑）。"她说到伤心处，往往掉下泪来。

胡适的母亲对孩子是有要求的，而且她还会经常责罚胡适，但是我们可以看见母子的感情始终是相通的，丧父的少年能够感觉到母亲内心的爱与伤，会有自省与奋进。责罚并没有降低母亲在胡适心目中的温度，因为母亲所激发的都是孩子内心深处最真实最崇高的情感。如果胡适母亲只是哭天抹泪地抱怨自己的命运，抑或只是一味地批评与苛责，事情可能就是另外一个样子了。

央视播出过一部三集的纪录片《镜子》，里面有一句话说得很好：每个孩子都是一面镜子，不论是肉体，还是精神，他们都忠实地呈现着父母的样子。

谈"五姓女"只是个引子，我想说的是，为了让孩子幸福快乐，为人父母需要让自己变得更温暖、更平和、更智慧。而在父母之中，受到女性本身特点的影响，母亲其实更加重要，这是我一以贯之的观点。

让我们共同努力吧，当孩子真正以父母为荣的时候，他们自己大都不会差到哪里去，自然也会有美好的未来！

教育的可能

百年大计，教育为本。教育大计，家庭为本。家庭教育中，母亲为本。

母亲的温度与气味是婴儿安全感的来源。母亲的温柔与包容是孩子一生的港湾，也是他们力量的源泉。就如同希腊神话中的安泰，只要脚踏大地，他就拥有无穷的力量，因为他是大地女神盖亚的孩子。

工业革命以后，很多女性走出家庭，成为工业劳动者。一个方面，这体现了女性更多的潜力与价值，代表着社会的进步。但另外一个方面，这也带来了家庭养育方式的变化，这一切都需要我们去认真思考和权衡。

关于"贫而乐道，富而好礼"的一点思考

《论语》中孔子和弟子子贡有过一段对话。

> 子贡曰："贫而无谄，富而无骄，何如？"
> 子曰："可也。未若贫而乐（道），富而好礼
> 者也。"

子贡问道："一个人贫穷却不谄媚，富有却不骄横，怎么样？"孔子说："可以啊，但是还可以有更高的境界：贫穷而不谄媚的同时，还能够心态平和，安贫乐道；富有不骄横，同时还能够谦和好礼，慈悲包容。"

不得不佩服孔子对于人性的洞察。

很多人虽然贫穷，但很有骨气、不谄媚，这令人敬佩。但有可能这些人会因为自尊心过强、心态不平和，从而导致行为偏执，做事钻牛角尖；有些富有的人不会因为自己的财富而骄横跋扈，这是一种不错的修养。但他们可能也会存在问题：认为自己的一切成就都是自己努力的结果，面对周围的一切喜欢讲自己的道理，讲那个用成功证明过的道理，缺少一份宽厚与包容。

想起了一个故事和一句话。

在切·格瓦拉的传记里有一个故事：黑人社区的很多小孩向一个可怜贫苦的残疾人投掷石块，切·格瓦拉便去阻止他们。但那个残疾人却用最恶毒的语言来咒骂切·格瓦拉。切·格瓦拉忽然意识到，那个残疾人眼中的敌人不是那些侮辱他的贫苦的黑人小孩，而是切·格瓦拉这个白人贵族青年。这件事带给切·格瓦拉很大的触动，甚至是影响了切·格瓦拉的人生选择。

听说过这样一句话：这个社会最可怕的就是穷人的仇恨和富人的冷漠。

之所以与大家分享这些内容，是因为社会中的贫富差异也会给我作为教师的工作带来一些困扰。学校是社会的一部分，学校的学生在家庭条件等各个方面也存在差异。学生家长经济实力不同，人生境遇不同，情绪感受自然也会不同，他们之间就会产生一些矛盾和摩擦。

贫富分化以及因此而带来的系列影响是一个复杂的社会问题,作为教育工作者,我们无力改变些什么。但是我想,学校应该是社会最纯净的地方之一,在这里,我们应该能够看到人性当中那些最美好的东西,我们更需要用纯净和美好来引领孩子。

再者,或许社会中必然存在贫富差异,但是这样一种差异并不应该必然导致不同阶层的对立或者是仇视。我想孔子所提及的"贫而乐道,富而好礼"的文化传统能够带给我们很多启发。

我们需要调整个体的思维方式以及行为方式,这样的调整并不是在替政府推卸责任,也不是一种自我麻醉,而是一种积极的进取,去追求人性的高贵与美好。孔子将传统上称呼贵族的"君子"重新定义为道德高尚的人,我想这带给我们的启发就是:真正的高贵是人人都可以有的,并不依赖于特定的社会阶层与经济实力。

贫而乐道

如果人生并没有那么如意,甚至是很艰难,我们也要调整好自己的心态,力求淡定而平和。当我们内心过分敏感与脆弱,对很多事情的认知就会产生偏差。

教师原本正常的行为，孩子与同学之间很正常的冲突，都会被我们过分解读，可能认为自己被歧视、被针对，需要愤而抗争。

从表象上看，我们正在争取一个公道，但问题的本质往往是：我们的内心缺少安全感。如此一来，事情就会变得很糟糕，糟糕不仅仅在于家长之间、家校之间的冲突与纠纷，更在于这样的冲突往往会带给孩子不好的影响。

举一个例子，这个例子是对我工作经历中碰到的一类事情的文学概括，并不特指某个人。

一个单亲妈妈带着孩子生活，工作和家庭的双重压力让她喘不过气来，于是她和孩子的交流频率开始降低，质量也不高，因为她实在没有太多的耐心了。于是孩子感觉到孤独，没有安全感，就试图去亲近身边的同学，但是不擅长交流的孩子往往会选择一种错误的方式去引起其他同学的注意，比如说无缘无故碰人一下、拿了同学的笔就跑、有事没事开几句没分寸的玩笑等，当然同学也都会有相应的回击，于是这孩子和同学的摩擦就会不断。

在调节冲突时，这位妈妈却无视自己孩子的问题，片面地将这种摩擦解读为孩子被同学欺负，对学校老师的处理非常不满，对其他同学的家长也带有很强的攻击性，最后将事情搞得一团糟。

其实这个妈妈的确是过分敏感了，就如同一只弱小的刺猬，用外表的刺来保护她脆弱的心。她和她的孩子在本质上是一样的：无助，极端缺乏安全感。

在这个例子中，这个妈妈需要做出调整，她真正需要关注的是自己的孩子的成长。她需要明白孩子对于朋友和安全感的渴望，然后引导孩子学会与同学交往，并告诉孩子，个体的人品与能力才是人缘的基础，也是安全感的真正来源。而她现在的做法最危险的结果在于：这个孩子会变成第二个她。

富而好礼

如果我们的人生还过得去，家庭幸福美满，事业有成，教育孩子也有些方法与心得，而且，这一切似乎都是自己努力奋斗的结果，那么我想告诉大家，成就与幸福并不是我们居高临下俯瞰他人的资本，反而是我们去承担更多的理解与包容的义务的理由。

想一想，天下着大雨，路上很堵，我们坐在车里，心里也很烦，但是相比那些在路上淋雨的人，我们已经算幸福的了，那么我们似乎就没有必要去摁喇叭提醒在我们前面骑车的人了，即使他们真的占用了我们的道路。

我不是提倡大家都去做无视规则的滥好人，只是说我们应该试着用心去体会和包容，而不应该只讲冷冰冰的原则和道理。

在很多次感到自己幸福的时候，我都会有浓浓的感恩之心，感恩命运，感恩造化。但不知道为什么，我同时也会生出一种深深的敬畏感。

我并不认为自己配不上这种幸福，但是我真的觉得需要付出更多，才能配得上苍天对我的眷顾。这些感受似乎毫无逻辑，但确是我内心深处无法回避的直觉。

无论如何，善良与包容（只要别太极端）应该还是个优点。有人说，爱笑的人，运气都不会太差。我想，问题的本质并不在于爱笑，而是爱笑的人往往会更加平和与包容吧。

从某种意义上来说，这也是对自己的一种保护。对于那些心理阴暗报复社会的人，他们是懦夫，攻击弱小，我们应该给予最大的谴责。但是从另外一个角度看，或许他们也是受害者，如果他们所体会的社会法则永远是冷冰冰的弱肉强食，那么他们的扭曲也是有社会根源的。

渡己渡人

最后再谈几点感受。

首先，我以上所有的阐述潜在的倾诉对象是我的学生家长，很多思考聚焦学校、家庭，限于教育范畴之内，因此我的表达很真诚，也很直白。但是我所表达的观点或许在更大的社会中，在更复杂的事件中并不适用，也希望大家不必往更大的范围去推演。

其次，孔子还说过一句话："富而无骄易，贫而无怨难。"不管贫富，我们都在追求做人的平和与高贵。但是相对来说，生活富裕幸福的人更容易平和。春秋时期的政治家管仲也说过："仓廪实而知礼节，衣食足而知荣辱。"我想，这句话和孔子的话有异曲同工之妙。富裕而幸福的人应该去承担更多包容与理解的义务。

再次，我想对很多教育同行说，我们在处理一些具体教育问题的时候要去挖掘事情表层背后的深层次原因，否则，很难圆满解决问题。

比如说前面我提到的那个单身妈妈的案例，不管班主任如何具体处理孩子之间的冲突问题，她都不满意。在班主任看来，这个家长素质极低，不讲道理，总是喜欢宣泄与攻击。这个看法也不无道理，但是凡事总有一个因果，当我们找到病根的时候，病还是可以慢慢治的。

对于这个妈妈来讲，她需要的是安全感，而安全感最大的来源应该是孩子的进步与优秀。所以，班主任要把精力放在对孩子的了解、发现并培养孩子的优点上面，孩子慢慢表现好了，妈妈也就没有那么无助了，甚至还会拥有一点自信与希望。如此一来，她的戾气与蛮横就会慢慢减少，毕竟，没有人天生愿意做泼妇，只不过除了撒泼打滚，她没有别的招儿了而已。

最后，我希望自己以及我所有的同行也要"安贫乐道"。虽然人间似乎不值得，但是我们还是要去努力追求平和与高贵，渡己方能渡人，渡人亦是真正的渡己。教育不是一件容易的事，需要极致的慈悲与智慧。

教育的可能

社会的贫富差别是客观存在的事实，然而无论贫富对于教育都是有利有弊。物质的不足容易激发孩子奋斗的动力，培养孩子坚毅的品质，然而也容易导致孩子功利色彩偏重，性格缺少平和；物质的相对富足可以提升孩子的格局与视野，但是由于缺少现实的压力，孩子容易娇气，上进心不足。

但这些都是一般规律，贫富带给教育的影响并非不能突破，只是有点难而已。只要师长有足够的理性与智慧，就可以实现趋利避害的教育效果。

先贤的智慧可以带给我们一些借鉴。

每个孩子，都曾经想要无条件地和你诉说一切

有一天我走在街上去见朋友，看见一个六七岁的小男孩儿，跟爸爸一起向前走，边走边给爸爸讲故事，讲的是甲午海战时候的一个场景。他说："邓世昌驾驶着致远舰冲向了吉野号，但是这时候来了个导弹——不对不对，是鱼雷，把致远舰击沉了，船上两百多人都死了。"我听后觉得非常震惊——这个孩子表述的史实是正确的，而且表达得非常清楚，富有激情。但是再看这个爸爸，却是一脸茫然，只是拉着孩子的手往前走，没有做出任何的回应。那一刻，我觉得孩子好可怜。

见到朋友后，我和他说了这个故事，结果朋友就笑了，讲了他自己的故事。

在他三岁多的时候，奶奶给他讲《西游记》，他听完后觉得非常有意思，迫不及待地跑去和妈妈讲听到的故事，一遍一遍地重复。后来他妈妈说："哎呀，当时你给我烦的呀，我都睡着了，你还在那儿重复。"

这两个场景都很寻常，寻常到很多人都经历过或者看见过。但这两个场景又不寻常，它们背后有着值得挖掘的教育内涵，那就是亲子沟通问题。我们应该如何进行亲子沟通？在亲子沟通出现障碍的时候，我们应该反思，这些障碍与隔膜是否早就有很多潜在的原因？

很多家长朋友听到这个问题时，或许会说自己有很多的苦衷。比如说，我们肯定都是爱孩子的呀，怎么可能不爱孩子呢？只不过大人有大人的事儿，我们有很多世俗的烦忧，单位里的事情，生活中的柴米油盐酱醋茶，这些都需要我们去操持，所以有的时候就顾不上和孩子进行细致的沟通，回应他们所提出的非常细致、琐碎，当时我们觉得似乎不值得回应的问题。面对这样的说法，我通常有两个方面的回应。

第一个，关于家长说"我们是爱孩子的"这个观点。

到底什么是对孩子的爱呢？孩子能从我们这里得到的最大的爱是什么？我想这些爱当然包括一些物质上的厚待，交往方面的包容等。但是随着孩子年龄的增长，他们需要的爱越来越多的是一种来自别人的理解。其实这个需求不是长大后才出现的，当孩子很小的时候就有了。

婴儿喜欢母亲，为什么呢？当然这首先和血缘与依赖有关，但还有一个重要的原因，那就是母亲最了解也最理解婴儿。母亲可以从孩子含混不清的言语中、甚至只是一个表情中就可以清晰地明白婴儿的想法，这对于婴儿来说无比重要。

我儿子刚学说话的时候，有一天就跟我说了很多的词，呜呜囔囔的，说了一遍又一遍，我还是不明白。后来妻子说他是想让我看书，当我拿起书看的时候，儿子脸上那种笑容我至今都忘不了。他开心，因为他开始可以表达自己的想法，并且他的想法开始被外部的世界所倾听和接受，他能够和别人产生一种更深层次的沟通和交流，这一过程对孩子来讲是非常快乐的。

所以说，亲子沟通本身不需要我们刻意去培养，因为这是孩子的一种生命需求。很多时候因为我们的忽略和不在意，孩子的这一需求就慢慢地减弱甚至逐渐消失了。

所以说，我们对孩子最大的爱就应该是理解孩子。我们的了解、理解和尊重就体现在能够去倾听来自他们维度的话语，而不仅仅活在自己的语言世界里面。如果父母只活在自己的世界里面，不愿意俯下身子去倾听孩子的声音，这其实是一种自大，也是一种自私。更重要的是这种自大和自私会不经意间在情感上对孩子构成伤害，会让他们感觉到没有存在感，而存在感的缺失所带来的焦虑，会进一步降低对孩子的教育效果。

第二个，关于家长说他们因为世俗压力，所以某些时候无暇顾及孩子感受的问题。

成年人的世界的确充满压力，面临着诸多的挑战。但孩子的成长是持续的，他们不会停下来等待我们拥有闲暇。等我们拥有闲暇的时候，会发现孩子早已远走，错过了终究就是错过了。再者，我们对于孩子的影响与教育也是持续的，随时随地都在发生。我们渴望孩子看到我们优秀的一面，去崇拜模仿。但我们的急躁、偏执等缺点孩子同样会看到，同样会受到影响。

我们是孩子的父母，也是第一任老师，我们的一言一行都会深刻而全面地影响着孩子。

当我们生活陷入窘迫，努力了很久却依然无法改变，那么面对困境时我们能够保有的平静和从容，不迁怒不抱怨也是一份尊严。更重要的是，这是我们用生命状态为孩子所做出的示范，是对孩子最好的教育。孩子会因此而学会平和淡定，只是简单地努力，努力后选择平静的接受。"因上努力，果上随缘"不能仅仅是一句纸上的鸡汤，而更应该是一种活出来的生命状态。

当我们物质富足，生活光鲜亮丽的时候，我们能选择放弃一些不必要的应酬，去掉一些不必要的奢华，空出时间，在家里陪陪孩子，读书聊天，吃点家常便饭，那日子也是甜美得很。我想，这也是一份教育。教会孩子在富贵通达的时候，不骄不躁，不虚荣。

父母的一切都是教育。如果我们希望孩子不论贫富都能有一个大的生命格局，有一份好的心态，我们就首先要反躬自省，要努力成为好的示范。

所以，无论多忙，无论是通达还是窘迫，都要不骄不躁，泰然平和，在孩子需要的时候去倾听和交流。这是一份来自父母的温暖，更是一种无言的教育。

和孩子聊天是为了孩子，也是为了自己。孩子的纯净和自然会深刻地影响我们，进而提升我们的生命格局。因为，回归本真就是提升生命境界，本真就是很高的生命格局。《菜根谭》中有云："涉世浅，点染亦浅；历事深，机械亦深。"成人经历的多，沾染的东西也很多。而孩子则不同，他们对于美好事物的直觉和追寻，他们身上最纯粹的本真，可以洗涤我们的心灵。

所以，要想追求更好的教育，就从自己的平和与纯粹做起，就从呵护孩子的本真开始，就从认真对待孩子的每一个问题开始。

让我们俯下身子去倾听孩子的声音，我们也会在倾听与沟通中变得更加平和纯粹，甚至还会多几分童心童趣。教育永远是最美好的彼此成全。

教育的可能

　　亲子沟通在孩子青春期的时候往往会出现问题。很多家长朋友会觉得非常的无奈，自己充满着关心与热情，为什么孩子不能理解，甚至还会抗拒与他们交流。

　　然而，我们需要知道的是，起初孩子最依赖最信任的都是父母，而且，他们对父母都会有一种先入为主的崇拜，所以，孩子天生是粘着父母的。只是不知从何时起，孩子与父母开始疏离，其中固然会有孩子青春期渴望独立这一因素，但或许更多还是父母的原因。毕竟，每个孩子，都曾经想和父母无条件地诉说一切。

一个教育者的安身立命

　　分享一个属于我自己的故事，或许，我的教育同行们也会有一些共鸣。

　　首先我想谈谈我对"安身立命"的理解：

　　我想安身立命有两个层面的内涵。首先，安身立命就是要在这个尘世上很好地安放我们的生命，选择一份工作或者一种生活方式，来让自己生活得美好，也通过自己的努力让这个世界变得更加美好；其次，安身立命更重要的内涵就是要赋予我们的生命一个意义，追求一种美好且崇高的生命状态，在追寻的过程中，我们要倾听内心最真实的声音，也要回应某种神圣的召唤。

　　综合来看，安身立命既有物质层面的内涵，也有精神层面的内涵；既有基于现实的选择判断，又有基于信仰层面的价值追求。人类安身立命的起点永远在物质和现实层面，但是真正的安身立命必然会追求一种超越物质层面的意义，去追求一种信仰层面的崇高感。

想起了两本书：司马迁的《史记》与茨威格的《人类群星闪耀时》。两本书都在试图描述最伟大的生命所呈现出来的样子，想通过展示那些人类灿烂的群星的安身立命的方式来引领更多的人更好地有尊严地活着。

当然，关于安身立命的方式是多元的，任何一个人都可以在不伤害他人的情况下自由地选择安身立命的方式，而不应该用自己的方式来贬低别人甚至强迫别人接受自己的方式。

起初，从事教育于我而言是一个被动的选择。现在，教育是我安身立命的事业。在刚从事教育工作的时候，我并不喜欢，除了大家所周知的世俗原因，更深层次的原因在于：我感觉到教师这一职业会伤害一个人的知识结构的更新与完善。因为教师的主要工作是传递，那么在自己所熟知的知识层面不停地重复就难以避免，即使教师本人意识到这一问题，恐怕也很难改变这一现实，毕竟相对于其他人，教师缺少用来拓宽和更新知识结构的时间与精力。陈景润先生曾在北京四中担任教师，后来离职，我想，如果陈先生不离职，他取得后来成就的可能性就会大大降低。所以，我总想着要换一个工作，因为我真的害怕一个不停自我消耗的职业。但是，在后来的工作过程中，我的想法改变了，因为我意识到了教育的价值，对这一价值产生了认同，并进而努力地去追寻并实现这样一种价值。在这个过程中，我很快乐，也很满足。现在，我可以认真地说，教育是我安身立命的事业。

我对于教育的意义的理解，就是我逐渐发现幸福并走近的过程。

关于奠基者和前瞻者

先跟大家分享两所学校的例子：

第一个例子是关于顾准先生的学校。顾准是一个很睿智的思想家，他就读的初中是赫赫有名的拔中国职业教育之头筹的中华职业学校，就是这样一所职业学校给了顾准很大的影响。

当时一般学校教学与实际脱节，收费又高，多为富家子弟而开。中华职校则另辟蹊径，独树一帜，以"劳工神圣，双手万能"为标识，学以致用，注重质量，收费低廉，因而在沪上声誉鹊起。学校学制为5年，初级班（相当于现今的初中）2年，高级班（相当于现今的高中）3年，分设工、商两科。顾准则选择商科就读。

中华职校的教学是有特色的。其一，课程设置除基础课外，还设有专业课。学校考虑到上海是外国人较为集中的城市，商科学生就业后与外国人接触较多，因此将英语列为学生学习的重点，其英语水平高于普通中学。顾准的英语基础就是在这里打下的，后来再经过刻苦自学，长进迅速，能阅读英文报刊、图书。其二，扩大与上海工商界的广泛联系，重视实习，注意学用结合。其三，学风扎实、稳健，经常开展文体活动。其四，职校教师经常在课堂上对学生进行爱国主义教育。如顾准先生回忆："如介绍帝国主义依靠租界特权，胡作非为，以及不平等条约带给我同胞的种种灾难等。青年学生经过这些教育，无不引为奇耻大辱，发奋图强，爱国之情油然而生。"

这所学校的创办者是黄炎培先生，我没有机会目睹当时之现场，但可以确信的是这所学校清晰地把握了社会的现实需求，在合理地安排了教育教学内容之后，这所学校给自己的学生提供了安身立命的资本，也为社会的发展提供了优秀的人才支撑。这就是好的教育。

另一所学校是美国西雅图的湖滨中学，这所学校在1968年就租用一台电脑，开始让学生们接触电脑技术。

那时电脑技术还处于发展的初期，一台电脑要占去一个大房间，有长达几公里的线路连接，价格则高达数百万美元。

学校管理者并不是很清楚电脑技术的重要，只是有一种朦胧的感觉：这项新的技术或许会影响我们未来的生活。由于租金很贵，学校也没能租用很长时间。然而就是这样一种尝试，就让这所学校走出了比尔·盖茨和保罗·艾伦——微软的创始人。可以说，这两人深刻地影响了我们的生活，也深深地成就了自己。

教育者是奠基者，是前瞻者。或者说，教育者应该是奠基者和前瞻者。并不是每个教育者都能成为真正的奠基者和前瞻者，但是，能有机会成为一个社会的奠基者和前瞻者就是一种莫大的荣耀与幸福。面对下一代，我们基于自己的前瞻为他们确定了合理的教育内容，随着他们的成长，我们作为教育者的价值得到了充分的实现。对于一个人的发展或是人类社会漫长的进程来说，我们的教育仅仅是最初的几步，但那是确定方向的几步。虽然只是默默无闻的一些付出，但那如同摩天大楼在地下最坚实的地基。

当我意识到教育者看似琐碎而无聊的工作能够如此深刻而直接地影响到这个社会时，我的心在颤动。古人有为帝王师的理想，我不想培养帝王，但想到自己的学生或许会深刻地影响这个时代时，心里就无比开心。

关于灵魂的呵护者与陪伴者

很长一段时间，我一直以为学科就是教师的专业，所以，我自然也会难过于教师知识结构的相对固化与陈旧。但后来，我逐渐发现了自己的思考是不全面的。如同苏霍姆林斯基对一个物理教师所说："你不是教物理，你是教人学物理。"

一个老师的专业核心在人，而不在学科知识，学科知识只是教师陪伴学生的工具。教师当然要关心学生对于知识的理解与掌握，然而教师更需要关心的是：学生在学习过程中良好习惯的养成，思维方式的丰富，对于生活与求知的热爱，以及良好的自我认同等。

教育的功能从社会的角度来讲，就是要培养与社会发展需要相匹配的人才；从个体的角度来说，就是要培养一个合格的人，实现一个人生命的美好的可能性。

分享纪伯伦的一首诗《孩子》：

你们的孩子，都不是你们的孩子。

乃是生命为自己所渴望的儿女。

他们是凭借你们而来，却不是从你们而来，

他们虽和你们同在，却不属于你们。

你们可以给他们以爱，却不可给他们以思想。

因为他们有自己的思想。

你们可以荫庇他们的身体，却不能荫庇他们的灵魂。

因为他们的灵魂，是住在明日的宅中。

那是你们在梦中也不能想见的。

你们可以努力去模仿他们，却不能使他们来像你们。

因为生命是不倒行的，也不与昨日一同停留。

你们是弓，你们的孩子是从弦上发出的生命的箭矢。

那射者在无穷之中看定了目标，也用神力将你们引满，使他的箭矢迅速而遥远地射了出去。

让你们在射者手中的弯曲成为喜乐吧；

因为他爱那飞出的箭，也爱了那静止的弓。

最庸俗的教育往往视孩子和学生为自己的附属品，然后按照自己的意愿去塑造和刻画。在这一过程中，被教育者是痛苦的，因为他们会慢慢失去自己最美好的天性和最珍贵的独立人格。在庸俗的教育中，我们将一个个原本具有无限可能的生命个体做成了戴着相同面具的人，而且那个面具很难摘下，几乎就成了生命个体的一部分。在这一过程中，一个个有着清醒认知的教育者何尝不是痛苦的？面对一个色彩斑斓的世界，我们却在自己的领域里逆天而行，将斑斓的色彩消解为一片苍白。如果这样，教育者又怎能享受到教育真正的快乐？

教育之所以美好，就是因为教育者面对的是纯粹的，具有无限可能的灵魂，我们去陪伴，我们去守护。

当然，由于教育承担着为人类社会发展提供人才配套的任务，不管任何时期，教育都会有着明显的倾向性，这样一份倾向性是全覆盖的。

比如在工业革命之前，不管是东方还是西方，教育的主要内容都是伦理教化，试图用教育来维护一个稳定的社会秩序，因为人类社会的稳定会带来整体的合力，从而让人类更有力量面对外部的挑战，不管是来自自然的挑战还是来自异族的挑战。但是当一个秩序中的某些人（通常是领导者）开始推卸责任只享有权利的时候，这个秩序就异化为维护某些人利益的工具，所有的伦理教化都变成一种讽刺，因为那些所谓的美德并不是一种真挚的信仰，而是用来束缚和统治的工具。

进入工业时代后，时代的发展需要大众教育为之提供大量懂技术、有纪律的人才。教育就开始重视相关人才的培养，于是学校教育蓬勃发展，重视技术，重视合作纪律，与工厂流水线相匹配的人才大量涌现。

当经济发展进入新的阶段，我们的教育也会随之调整。当服务业开始成为推动经济发展的重要力量时，我们就需要培养那些能够体察人们需要甚至是能够为顾客创造需要的人才。这时，人文学科就开始体现出它的价值，个性本身可能就是一种生产力。于是，在我们的教育中，人文学科的比例增多，对于学生个性的尊重就开始慢慢成为主流。因为，这个社会所需要的主要人才已经不全然是过去那种懂纪律的技术工人了。

从社会看，教育不是孤立的，因为社会发展的阶段性特点，教育呈现出不同的倾向性。这一点无可厚非。但是我们需要知道的是，对于个体生命而言，教育是一个灵魂的独立成长，全覆盖的倾向性会不可避免地对生命个体造成压抑。

其实在中国的思想史上，这样的压抑与反抗也是屡见不鲜，任何一种文明都少不了所谓的"异端"。我不想列举那些充满暴力与血腥的例子，还是再和大家分享一首诗。

雨后山中蔓草荣，沿溪漫谷可怜生。

寻常岂藉栽培力，自得天机自长成。

　　雨后山中的蔓草长得非常的繁茂，沿着溪水，顺着山谷，生机盎然。并不是有人去刻意地栽种与呵护，它们就是自然而然地得天机而生长而已。

　　这是一个关于生命的绝佳比喻。任何一个生命，任何一个灵魂都是造化最神奇的安排，岂能容得世俗的力量去过多干预甚至是奴役和控制？

　　中华文化总是保有一份活力与批判，抚慰着个体知识分子在被所谓的主流压抑时的那份痛苦。

　　我们不能脱离社会整体谈教育，需要承认教育具有时代性，但是我想，教育也应该有一个超越时空的永恒的主题，那就是呵护、陪伴并参与一个灵魂的成长。关于陪伴并守护一个灵魂的成长，大概有如下几个方面的内容：

　　首先，我们要承认并尊重孩子在当下存在的合理性。

　　我们不能够用自己的主观意志来代替自然的标准。我们应该用一个多元的标准来审视孩子，因为他们原本就是多元的。在物理学里，我们都知道，不同单位的量是不能相加的，五斤加上三米是个什么概念，没办法理解，因为它们是不同的量。同样，苹果和西红柿哪个更美味也是无从比较的。我们不应该用同一个标准来将所有的学生分成三六九等。再者，在同一个能力维度上，孩子的成长也有自己的节奏。所以，我们不能用自己的节奏来臆测孩子的节奏。人总是越长大，就越主观，总喜欢用自己的标准来衡量一切，尤其是所谓的成功人士，他们自己的成功往往加大了自己的自信与主观。

我们要学会包容，学会等待。教育者不顾现实，对被教育者提出超越他们本身能力的要求时，伤害就会发生。

其次，在和被教育者的交流中，不管是有关道德养成还是知识的传递，我们都要学会尊重被教育者的情感状态、知识结构与思维方式，而不能一厢情愿地自说自话，沉浸在自己的逻辑结构里，用自己的思维方式来揣度对方。

只有尊重被教育者的现实状态，我们才能避免一些没有必要的伤害。对于一个具体事件，孩子和成年人的认知可能是完全不同的。所以面对一个事件，我们需要理解孩子们是怎样认识的，否则很可能会冤枉孩子。只有尊重被教育者的现实状态，被教育者才能感知到自己灵魂的存在并进而体会到真实的成长，才会有强烈的存在感，才会获得巨大的愉悦与幸福。

还有，我们有尊重孩子和学生的能力，但是孩子和学生却未必有尊重我们的能力。因为，我们曾经是学生，曾经是孩子，我们了解当初的自己是怎样的一种感受，而孩子和学生却还未曾为人父母，为人师长，让他们来理解和体会我们是件很难的事。

再次，我们在具体的教育实践中要为学生留出空间，减少不必要的替代与包办。教育不应该伴随着逼促与苦大仇深，而应该是一份轻松与温情的陪伴。

幼儿园老师的价值，绝非是教给孩子们一些简单的生活常识，而是他们能够通过孩子的一个动作、一个眼神就了解到孩子现在的情感状态，并能用自己行为来很好地呵护孩子的心灵。如此看来，教师看似琐碎而平凡的工作背后有着极大的善良与慈悲。每一个孩子都那么值得期待，没有任何一个灵魂应该被低估。

而且，在教育的过程中，当我们真正地陪伴并呵护了一个灵魂的成长，这个生命也的确更容易成为一个在功利层面成功的人才。因为一个有独立人格、内心温暖、有思维能力，有良好习惯的人不论是考试还是长远的职场，都会有一个更好的发展。

作为信仰的教育

在前面，我谈到了教育的两个维度的价值，那就是教育从整体上讲可以引领这个社会的发展，从微观上讲，教育可以呵护灵魂。这些价值很值得追求，但是，这些价值终究还是指向一个生命个体的外在空间。而一个人能够真正坚守某种东西，一定是因为坚守会带给自己真正的幸福感，而所谓的"利他"究其本质也是"利己"的一种手段而已，不过是不同人眼中的"利"有高下之分罢了。

从这个角度上讲，我之所以认为教育是一种安身立命的方式，终极理由在于，我认为教育其实也是一种关涉信仰层面的存在。

"天地君亲师"是中国人的传统信仰。作为源于农耕民族文化的我们，对于天地的敬畏与信仰不言而喻，而"君"后来曾改为"国"，通过修改过程，我们也可明白，对"君"和"国"的信仰其实是对于集体的一种信仰。双亲和老师成为被信仰的对象则是因为他们是我们的肉体生命和精神生命的来源，也正因为这样一份肉体基因和精神基因的绵延不绝，我们才能够对抗生命的断裂，成就信仰层面的不朽与永恒。

换一个角度，父母和教师爱孩子和学生，也是中国人一种最基本的人伦，或者说是天伦。从普通的生活层面上去说，这样一份爱是一种生命直觉，并不需要特殊的理由。但是如果我们认真去思考，就会发现这背后也有着清晰的逻辑。孩子和学生之于父母和老师的意义在于他们也延续了父母师长的肉体血脉和精神血脉，而在这样一份延续中，必将慢慢老去的人们则会获得一份极致的存在感与幸福感。他们会发现，原本有限的生命被放置到了一个更大的时空中，如此一来，生命的局限与短促就会被破除，人就会获得一种真正的平静与安宁。

在过去我一直不理解孟子的那句名言："君子有三乐，而王天下不与存焉。父母俱存，兄弟无故，一乐也；仰不愧于天，俯不怍于人，二乐也；得天下英才而教育之，三乐也。"我不认为教育可以带来这样的快乐。后来，我渐渐明白，教育者真正的快乐其实是一种信仰层面的快乐，学生都是自己在精神层面的子女，因为他们的存在，我们作为教育者的精神得到了传承，我们就可以化身千万，游走于更大的时空，有什么比这样的成就更值得追求呢？

这就是我选择教育作为安身立命的方式的最大理由。我爱我自己，我不想辜负这一生，我不愿意活得短促而贫瘠，所以，我选择了教育。

生命的意义是自己去赋予的，不同的选择就是追求了不同的意义，从而形成了不同的人生道路，我们需要尊重别人的合理的选择，我们也更应该做出一个属于自己的选择并去坚守。

宋代儒生张载说知识分子的使命是："为天地立心，为生民立命，为往圣继绝学，为万世开太平。"

这句话让我想起了史蒂芬·茨威格《人类群星闪耀时》一书中第一篇文章的名字——到不朽的事业中寻求庇护。

教育就是这样的事业。

教育的可能

教育的质量取决于教育现场中诸多关系的质量，亲子关系的质量，师生关系的质量，同伴关系的质量等。

每种关系所包含的互动都会有自己的特点与价值，它们彼此互补，相互支撑，形成了一个和谐的系统，最终促成了生命的顺利成长。那么在师生关系中，教师应该如何理解自己的角色，如何与学生展开互动呢？对这一问题的回答，会影响到学生的成长，其实也会影响到教师本人的职业发展和自我实现。

这篇文字是我和同行的一次分享，也算是我对于这一问题的回答。

每个孩子都是一朵玫瑰花

泰国电影《我的老师》很感人，没有太多的煽情，只是很安静地讲述了一个老师教育几个孩子的故事。看完之后，我流泪了，因为我感觉到了这部电影所传递的对于教育的理解，并产生了深深的共鸣。

故事发生在一个叫三主的美丽乡村，但是那个地方有人贩毒吸毒。主人公是一个老师和七个吸毒的孩子，老师没有抛弃他们，带领他们成功戒毒，过上了正常的生活。

1

七个孩子是如何开始吸毒的呢？影片用了几个小的片段展示：WAN 父亲早逝，他很懂事，承担起了家庭的责任，同时打好几份工，挣钱还债。工作很辛苦，吸毒的工友告诉他吸毒可以解乏，让人精神，他抗拒了几次，但最后还是没忍住试了。由于债主接近于侮辱的逼债，他不仅身体劳累，而且心理压力也很大。从那时起，他染上了毒瘾。

PAN 父母早逝，和姐姐、姐夫在一起生活，从来没感觉到亲人的温暖。

YOT 家境还算不错，但他和 WAN 与 PAN 是很好的朋友，所以就和朋友一起吸毒了。

BOT 则有一个赌博酗酒的父亲，父亲醉酒后殴打他的妈妈，还摔了他最心爱的吉他。他吸毒有心理痛苦的因素，也有报复父亲的意思。

SUPACHAI 是校园暴力的受害者，为了缓解压抑和紧张，他在被其他的同伴解救出来以后开始吸食毒品。

而 TIEP 则是绝对的好学生，家境很好，父亲是县长候选人，但是父亲不喜欢他和没有权势的穷小子交朋友，而且总是对考了第二名的儿子不满并要求他考第一。原因是这样可以让他脸上有光彩，从而能够赢得竞选，他满足了孩子所有的物质方面的欲望，却从没有真正地了解孩子的感受。在一次又一次的苦闷之后，TIEP也尝试了毒品。

我们可以看到，每个孩子都有理由。当影片中的成年人得知孩子吸毒时，先是认为孩子不可能吸毒，了解情况后的态度又是："这件事算什么啊，你为什么不和父母讲呢？"

"朋友吸你也吸，朋友让你死你就去死啊？"

"不管发生了什么事，你也不能去吸毒啊！"

这些反应的共同点就是，他们都没有俯下身子去了解孩子的世界，所以就无从呵护孩子的心灵。提到学校暴力，提到朋友，我们是否真正想过自己的童年，大孩子的欺负是多么的可怕，那些在成年人看来很幼稚的威胁足以让童年时的我们战战兢兢。那个时候，朋友是多么的重要，如果朋友都和自己疏离，那又是一种怎样的痛苦。所以伤害的形成既要考虑外在的客观因素，又要思考内在的主观因素，也就是孩子的心灵。

影片中的PINIT老师在通知家长们这件事的时候说了这样一段话，大意是这些孩子都碰到了一些问题，这些问题在我们看来很小，而对于孩子们来说则是大问题。

所以真正的教育者就是要能够俯下身子去体察孩子的心灵，如此我们方能更好地呵护那些看似很强大，很强势，其实依旧稚嫩的孩子。

从这个意义上讲，教师是一种真正意义上的专业，就因为他们有俯下身去的意识和行动。而这样一种意识和行动并不是所有人都具备的，包括父母。

2

教育需要俯下身去的意识在影片中还有进一步的体现。当几个孩子吸毒的事情被曝光后，周围的人们所给予的反应更多的是排斥和疏离。在社会的一般标准中，他们都是坏孩子，是不受欢迎的对象。这样一种结果使得那些在 PINIT 老师带领下努力戒毒的孩子倍感屈辱和受伤，于是复吸不可避免地出现了。

电影中有一个片段值得一提：在烟雾缭绕之中，那些吸毒的孩子的脸上有着吸毒者明显的特征：眼眶深陷，眼部发青，面容透着些诡异。但是这些孩子在聊他们的理想：WAN 说他吸毒是为了更有精力地工作，他想成为三主最富有的农民；而其他人则想开出租车、做建筑师、玩音乐，还有一位想读警校，做警察，把那些贩毒的人都抓起来。看到这里，我感受到了毒品的烟雾背后的纯净。

同样看到这样一份纯净的还有 PINIT 老师。孩子们吸毒过量，有的倒在了街上，有的暴躁地踢翻了街上的小摊位，还有的产生了幻觉，以为有人要伤害他，于是拿着叉子试图伤害一个无辜的小女孩。

　　最后，在医院门口，真正的冲突上演了：医院里是那些正在接受抢救的孩子，医院外是那些声讨的人们，他们指责学校没有管好孩子，指责孩子的家长没有好好地教育孩子，认为这些孩子是害群之马，应该抓去坐牢。面对这样的声讨，警察和刚当选的县长都有些无奈，局面很混乱。

　　衬衫上满是学生血迹的 PINIT 老师发作了，他说："每个人都应该反思自己，为什么这个地方会有毒品，为什么毒品会那么轻易地到孩子手中，难道那些毒品是牛拉出来的吗？这一切都是我们自己的原因。"

　　他对着那些在声讨的人们说："你们的孩子没有发生这样的事情，只不过是比较幸运而已，你们想过这要是你们自己的孩子，你们会怎么办？"

　　最后老师说，我们要帮助孩子们，我会来带这些孩子。人们无言以对。

　　其实 PINIT 的做法同样体现了教育的一种专业性：当孩子犯了某些错误的时候，在世俗社会开始疏远这些所谓失足者的时候，教师依然能够从孩子的角度去看待他们所犯的错误。很多时候，我们会发现孩子还是非常纯净的，但是并不是所有人都能看到这份纯净，于是这些孩子就成了被厌恶甚至是被抛弃的对象。

影片里的教师群体中，在对待这些孩子的问题上也一直有两种声音，有人不同意 PINIT 的做法，认为应该像割掉肿瘤那样开除掉这些学生。事实上，这些孩子如果得不到理解和拯救，他们就会是不断恶化的毒瘤。我们可以将他们开除出学校，却不能将他们从社会中去除。即便极端地理解，我们可以将他们永远去除，但如果有一天我们也犯了错误呢？

所以，我觉得教育需要师长俯下身去，结合自己曾经的时光去真诚地了解和体察教育对象，精心地呵护。在平时，教育者能够发现和阻止那些可能伤害到孩子的因素。在孩子犯错之后，教育者能够理解和包容孩子，不用一种冷漠的武断来面对那些教育对象。

这是一种智慧，更是一种慈悲。因为这样一种智慧与慈悲，教育是一个真正的专业，是一个神圣的应该赢得尊重的专业。

3

在影片中，PINIT 老师在带领孩子们戒毒的时候，曾让孩子们去种玫瑰花，他和孩子们说，当他还是学生的时候，他的老师也让他种玫瑰，但是玫瑰很难种，要精心地关心和呵护，最终才能开出美丽的花，他种了好几次，玫瑰都死了，但最终他成功了。他用这个故事来启发孩子们做事要坚持，努力付出后才会有美丽的结果。我想，或许电影用这个例子也在影射真正的教育，每个孩子都是玫瑰，但是不见得都能够灿烂地绽放，因为他们需要精心的呵护。

最后，孩子们种的玫瑰美丽地绽放了。孩子们成功地戒毒，最后都有了自己很好的归宿。PINIT 老师也成功了，他的玫瑰花也绽放了。

教育就是种出美丽的花，种花需要技巧，技巧就是要真正意义地了解花，教育就是真正地了解孩子，或许这并不难，毕竟教育者曾经都是孩子而花匠却不曾是花。当然，种花其实更需要感情，你要喜欢花，教育或许亦是如此，教育终究还是一种大慈悲。

愿所有的教育者能够带着大慈悲度人，最终也度己。

教育的可能

每个孩子都是独特的生灵，都有独特的美好。然而非有大智慧者不能知。

每个孩子也都是脆弱的生灵，他们需要呵护与陪伴。然而非有大慈悲者不能为。

为人师长，要有大慈悲，方能自然地去呵护，某些时候，还需要忍受委屈去坚守；为人师长，要有大智慧，才可能有办法有力量去呵护，才能透过谜一般的表象直视孩子美好的本质，才能坚守初心，有始有终。

泰国电影《我的老师》的主人公带着一群误入歧途的孩子种玫瑰花，最后花开了。花是一种比喻，种花也是一种比喻。

关于"校园欺凌"的哲学思考与现实应对

近年来，校园欺凌已然成为一个备受社会关注的热点问题，教育行政管理部门也就此下发了若干文件。但是在实际操作层面，这依然是一个有些棘手的问题。学校和家庭处理类似问题还是困难重重。因此，我想结合自己的成长经历以及工作经历来谈谈对于这个问题的看法。

校园欺凌的可怕并不简单在于肉体层面的侵犯，更在于对心理层面的伤害。肉体伤害的恢复容易，但精神层面的疤痕则难以消除。很多家长之所以对于校园欺凌事件格外敏感，是因为它会带给受欺凌者心理上的阴影，这样的阴影可能会伴随一个孩子很久，难以摆脱。为人父母，舐犊情深，想到自己的孩子因受欺凌而产生的苦痛，很少有父母能够心平气和地思考并处理问题。

所以说，学校和家庭应该同心协力采取措施避免校园欺凌的发生，在校园欺凌发生后，大家则要带着"幼吾幼以及人之幼"的同理心去认真面对，协商处理。

首先，我们要尽可能避免情绪和情感的干扰，对校园欺凌这一问题进行认真理性的分析。我们既不能无视校园欺凌的存在，也不能将校园欺凌泛化，将一般意义的学生间的冲突视为欺凌。孩子之间偶发的冲突，即使打得头破血流，可三天后和好如初，这也不能算是欺凌。

我认为，界定欺凌有两个要素值得注意：第一，真正的欺凌一定是持续性地指向一个对象；第二，核心点在于受害者精神层面的屈辱与伤害。也就是说，让受害者产生心理阴影是校园欺凌的核心特征，至于具体的方式和手段则是第二层面的事情，很多时候校园欺凌完全可以通过语言来实现。

接下来，我们继续思考一个问题，校园欺凌会带来受害人心理上的阴影，但是阴影到底是如何形成的呢？只有从更深的层次上将心理阴影形成的来龙去脉分析清楚，我们才能够寻找相应的方式来解决问题。

在分析诸多校园欺凌案例的基础上，我发现，校园欺凌行为其实是两种象征符号的对立，被欺凌的人和施加欺凌的人往往都代表着一种象征符号。比如身体强壮的欺负身体弱小的，健全的嘲笑残缺的，漂亮的欺负丑的，家庭条件好的嘲笑家庭条件差的，成绩好的鄙视成绩差的，等等。

人世间一定存在差别：有人强壮，有人弱小；有人长得漂亮，有人就没那么好看；有人天生很健全，有人却带有上天赋予的伤痕；有人生在富人家，有人长在贫民窟。这些差别就形成了不同的符号，每个人的身上都会带有符号，这是必然的。

但是符号并不必然构成对抗，差别也不必然带来伤害与痛苦。构成伤害的原因在于我们人为地强调并凸显差别，将某些差别视为衡量人最重要的甚至是唯一的标准。当外在的压力导致一些人无力抗拒这些标准，从而不认同自己的身份符号，甚至会因为符号而产生耻辱感的时候，欺凌就开始了，悲剧就产生了。

比如说，一个残障儿童认为自己无能，是一个弱者的时候，一个出身穷苦的孩子认为自己因为贫穷而卑微低贱的时候，一个学习成绩差的孩子认为自己是个笨蛋的时候，他们都会有一种深深的挫败感与无力感，并会因此而产生难以抑制的苦痛，不能自拔。欺凌的可怕就在于此。

从哲学角度进一步提炼，我们可以得出如下结论：

首先，校园欺凌的本质是正确价值观的缺失所导致的人与人关系的扭曲。

其次，校园欺凌事件是内因和外因共同起作用的结果。校园欺凌行为的最终成立一定是外在侵犯行为和内心的相对脆弱共同作用的结果。

基于上述结论，在校园欺凌事件中有两点值得我们关注：

第一，校园欺凌中，欺凌者和被欺凌者都是受害者。被欺凌者是显性的受害者，而施加欺凌的学生的价值观同样是扭曲的，如果我们不加以注意，他们也很难有真正美好的人生。

因此，在处理具体校园欺凌事件的时候，我们首先需要去保护那些被欺凌的孩子，通过干预来降低伤害的程度。对于施加欺凌的孩子，我们也需要有相应的理解与包容，并在此基础上加以惩戒、引导与教育。

第二，被欺凌者受伤害是因为外在的欺凌行为，同时，也往往是因为自己接受了这样一个扭曲的逻辑，并不是有外来的侵犯行为就必然带来欺凌的感受。

当有人用容貌的缺陷来攻击我时，我可以不接受，别人骂我丑，但是我不在乎。因为，我不接受他庸俗的逻辑与标准，而且，我还会从内心瞧不起攻击背后那个浅薄而低俗的灵魂，这就是一种内心的强大。在校园欺凌发生后，我们进行干预的时候，制止欺凌行为，惩罚施加欺凌者固然重要，但更重要的一定是用正确的价值观给被欺凌的孩子信心，外在的太阳无法消除孩子内心的阴影，阳光应该在他们的内心里。

在深度剖析校园欺凌的本质以后，我们再来思考应该如何预防校园欺凌以及如何面对已发生的校园欺凌事件。

当情节恶劣的校园欺凌发生的时候，社会都会去谴责那些施加欺凌的孩子，大家觉得他们罪大恶极。但是他们也是孩子，那些扭曲的观念与行为是从何而来的呢？

问题还是出在我们成年人的世界。解决问题还要从源头开始抓起，那就是从师长们开始，从价值观开始。为人师长者需要有正确的价值判断，然后将它传递给孩子。一旦我们能够做到这一点，孩子就不会去欺凌他人，也很难被他人欺凌，因为他们的心中有正确的价值观念，他们会去善待他人，也会因为这些价值观而拥有自信与定力。

然而令我们痛心的是，很多价值观的扭曲恰恰是从成年人开始的。《论语》中有云："君子之德风，小人之德草。"此处君子和小人不是按照道德来分的，而是按照地位来分的，分别指的是管理者和被管理者。管理者的价值判断就像是风，而被管理者就像是草。我们就是风，孩子就是草，风朝哪边吹，草就冲哪边倒。孩子面对成年世界的教育与熏染很难有反抗能力。

一个在学校里有暴力倾向的孩子往往也是家庭暴力的受害者，因为在他的世界里，人与人之间拳头说了算，今天你比我强壮，揍我，那我就去揍那些比我弱小的，这就是他的逻辑。

如果在一个学校里面老师非常看重成绩，而且工作方式又比较简单粗暴，那么这个校园里面就有可能会形成一种相对普遍的隐性欺凌，那些成绩好的孩子会嘲笑成绩差的孩子，甚至他们嘲笑同学的表情和动作都会带有老师的痕迹。

所以说，当孩子对物质财富、权势、容貌等方面过于看重的时候，我们就需要进行干预，要给孩子一个更大的生命格局。我们不是要把孩子培养成有能力的工具，而是要把他们培养成有价值判断的活生生的人。

我们需要创造机会和孩子一起去探讨什么是好的人生、什么是好的社会。当孩子在这些方面都有正确的价值判断时，他们就不会去炫耀家庭的财富以及父母的官职，不会用浅薄的标准去审视他人，当然，也就很难因为别人浅薄的嘲讽而伤心动容。

苹果的首席执行官蒂姆·库克说过一句话让我特别

有感触："我很爱我的侄子，每当我想到我离开的时候世界还不如我们来的时候好，我就感到很难过。"第一次看到这句话时我在地铁上，当时眼泪就流下来了，无力顾及周围的人群。我在想，我们究竟干了什么？我们是否给了孩子一个真正好的标准？这个世界是否比我来的时候更好了？

我想，我们成年人需要给孩子一个更大更丰富的世界，而不能让他们活在一个干瘪而残酷的世界里，只是简单追逐能力的提升。孩子不能活在一条条特定维度的鄙视链里，被无处不在的比较缠绕。我们需要把孩子带到旷野之中让他们感受天地的辽阔，我们需要让孩子读书，感受岁月的绵延不绝以及人类的价值追求与文明理性。

我想一个能够感受自然之美，有历史感的孩子不会是简单庸俗的，因为，他们见识过大自然的山川壮美，他们曾经与崇高相遇。他们的内心会充满力量，这份力量让他们强大而又平和。

想到了两段来自东西方的文字，与大家分享。

一段是英国诗人兰多的诗作《生与死》，译者为杨绛先生。

我和谁都不争，

和谁争我都不屑；

我爱大自然，

其次就是艺术；

我双手烤着生命之火取暖；

火萎了，

我也准备走了。

　　另一段文字来自金庸先生的《倚天屠龙记》。其中张无忌所练的《九阳真经》里有这么几句话：

　　他强由他强，清风拂山冈。他横任他横，明月照大江。他自狠来他自恶，我自一口真气足。

　　人生境界也好，武学境界也罢，都透着强大与洒脱，心中自有一口真气，不屑与人争，这是何等的境界。

　　简单做个小结：无论是家庭教育还是学校教育，一定要在孩子容易产生偏差的地方注重价值观的引领。内心有着正确的价值观，就不会欺凌他人，也不容易被别人欺凌。

　　还有，在实际的教育过程中，作为师长的我们一定要做一个心热而眼冷、敏锐而又迟钝的人。

　　我们一定要热心而敏锐。在价值观引领的层面我们需要不遗余力，同时也要敏锐地关注孩子的心理状态以及校园里的氛围，并及时做出相应的教育举措来避免校园欺凌的发生。一般说来，校园欺凌都会有一个慢慢发生并逐步加重的过程，只要父母和老师对于孩子的情绪状态保持足够的关注度，严重的校园欺凌都会得到避免。那些严重的校园欺凌的背后都有着一个共性的因素：父母和老师的缺位。

但是当孩子们在学校真正发生冲突的时候，我们则要眼冷，要压抑住内心的情绪与情感，动用自己的理性，谨慎处理。也要略微迟钝一些，学会一定程度的观望。

孩子们简单而幼稚，很难独自面对错误价值观的冲击，很多家长都是爱子心切，这可以理解。但终究有一天，孩子会自己走在这个世界上，教育的目的不是突显师长的伟大与高明，而是要追求下一代能够温和而有尊严地活在这个世界，能够温暖地看待他自己，能够温暖地看待周围所有的生命。因此我们需要给他们空间，让他们自己尝试着去分析问题并解决问题。

更何况，判断一个冲突行为是否构成欺凌，标准并不在我们这里。当孩子们之间发生冲突，我们需要关注孩子之间的关系状态和彼此的内心感受。我们需要从当事人的角度去判断并体会，而不应该自以为是，用我们的感受去代替孩子的感受。

做教育碰到过很多类似的情况：孩子的母亲在我面前哭诉说，孩子因为在学校里受到压抑而导致心理极度紧张，随时都有可能崩溃。而在母亲口中"随时可能崩溃"的孩子却能坐在我办公室的沙发上和我这个校长谈笑风生，甚至还会评论一下自己的妈妈——她对我特别好，但是她有点太焦虑了。

我和孩子母亲沟通相关情况的时候，母亲依然坚持自己的孩子就是受到了很大的压抑。最终我才发现，真正脆弱的是母亲，而不是孩子。当然，这样一种扭曲我们可以理解，作家史铁生说："孩子的痛苦在母亲那里是双倍的。"但是教育不能沦为简单的情绪宣泄，而应该是情感与理性的完美融合。

再退一步讲，如果孩子受到了校园欺凌，家长就要完全介入吗？在校园欺凌中，我们大多是谴责外在的欺凌行为，同时对被欺凌者的境遇表示同情。然而让我们把目光放远一些，换个角度，就会发现另外一些事实：成年人世界里的世态炎凉远比校园中的欺凌来的真实可怕。

在成年人的世界里，有颓废酗酒的人，有抑郁的人，还有很多想不开寻短见的人，却很少有被欺凌致死的人。其实不是没有，只不过面对成人时，我们的思维方式发生了调整，将造成悲剧的原因更多指向了受害人本身的脆弱。我们会觉得，一个成年人自己不争气，却大喊别人欺负我，这有点搞笑。尊严是自己挣来的，不是乞求来的。自己没本事却抱怨别人瞧不起他，真的让人无语。一旦长大，社会好像就没有那么宽容了，这样的转换是那么的猝不及防，又是那么的残酷。

还有，这个世界其实存在着很多合理的"亚欺凌"。比如，在部队老兵"欺负"新兵就是一种传统。因为传统的军人心中会有一个概念，如果你连这个都应对不了，战争来了就是一个废物。

我们或许不愿意承认这个世界的丛林法则，也不愿接受成年世界的压力与残酷，但是我们的孩子终究要走向成年，一个人行走在真实而又残酷的世界。我们只能是看着，却无力干预。所以，在我们离开孩子之前，需要为孩子成年后的生活去做准备和铺垫，我们要教会孩子自己去面对未来世界的风风雨雨。因此，现在我们和孩子就需要开始练习，在没有我们的世界里，孩子应该如何生活。

最后做一个小结：校园欺凌的确会给孩子带来心理的阴影，但各位师长大可不必那么紧张。只要我们能够保持亲子关系与师生关系的良好状态，并在此基础上做好价值观的引导与教育，恶性的校园欺凌都可以避免。因为正确的价值观可以塑造强大的内心，而良好的沟通以及我们对孩子状态细心的关注与体察可以防患于未然，毕竟真正的校园欺凌大多有一个缓慢发展的过程。

教育的可能

不管我们是否愿意，孩子之间难免会有对抗、冲突甚至是欺凌事件的发生。大多数时候，在事态可以接受的时候，我们要学会旁观，因为孩子终究要学会独立面对生活，这些都是他们学习的机会。

但是对于欺凌这样的负面事件，为人师长要冷静分析，理性介入。

最好的结果是通过平常的教育，做到防患于未然；假若已经发生，尽可能亡羊补牢，避免更坏的结果出现；如果能够以此为教育契机，促进孩子做出更深层次的反思和调整，从而产生教育的增量，那就真是"塞翁失马，焉知非福"了。

面对校内冲突，三步解决问题

其实，对于大多数的家长群体来说，校园欺凌还是比较少见，只不过如同重症一样，发病率低但后果严重，一旦发生就让人很是绝望。我们更多碰到的还是一些小的冲突，孩子受些委屈之类的。那么对于这类的事情，我们通常应该如何处理呢？在我看来，常见的处理有如下三个步骤：

向老师了解事实的真相

如果孩子回家和家长说他在学校里受了委屈，或者家长看到孩子的精神状态不好，首先需要向老师询问事情的具体经过，注意是询问而不是质问。很多家长一看到孩子受了委屈，情绪就会激动，在和老师沟通时往往带有质问的色彩，这是不对的。因为孩子给家长传递的有可能仅仅是事实的一部分，某一个特定角度的事实，甚至还未必是事实。由于情感的因素，家长往往没有意识到这一点。但老师是几十个学生的老师，因此相对客观理性。所以我们要通过老师了解到事情的整个过程，如有必要，老师会把双方的家长以及其他的当事人召集到一起来弄明白事情的来龙去脉。

这一步骤中的关键要点在于：家长要关注孩子，及时察觉孩子的微妙变化，同时不要大惊小怪，事情来临时要平静，冲动只会让事情变得更糟。

在和老师进行沟通的基础上对事实进行分析

事实相对容易清楚，但是对于事实的解读却不见得一致。面对同一个事实，不同的人可能会给予不同的解读。

在众多的解读中，最重要的两种解读分别是：孩子本人、老师。当事人本身的情感状态是最重要的，尽管孩子的认知会有不成熟的可能，但是我们一定要静下心来听听孩子的想法，理解孩子如此思考的原因。

但让人遗憾的是，往往在具体事件的解决中，孩子的声音是被忽略的。成年人固然因为人生阅历而具有一种成熟，但是也很容易带着成年人的世故与庸俗来解读揣测孩子们的冲突。如此一来，事情就会变得让大家难以接受。

举一个我亲眼所见的例子。幼儿园门口，一个大班的男孩突然冲向一个小女孩，双手捧着女孩的脸并很用力地在女孩嘴唇上亲了一口，女孩的妈妈脸色大变，一把拉过女儿，并指责那个男孩不检点。男孩的妈妈也有点急了："不就是小孩亲一下嘛，怎么就不检点了？"女孩的妈妈说："有亲嘴唇的吗？不知跟谁学的，小小年纪就……"于是两个妈妈开始争辩起来，两个孩子很无辜地站在一旁，没有人去想，他们在想什么。

我想那个男孩或许是看了一些情感剧在模仿里面的情节，行为确实有些不妥，但是不检点应该是谈不上的。女孩妈妈的评价对于男孩是有一定伤害的，问题的关键更在于，这个女孩面对这样的情况会怎样想，难道我们真的想告诉她这样一个事实：就在刚才，你被侮辱了。

再者，老师的声音也是很重要的，作为专业者，教师对于孩子的心理特点更加了解，而且，教师更能站在一个相对公允的立场来评判是非。我们并不是要用孩子和老师的解读来作为最终的权威，而是希望家长朋友们至少不要因为自己的情绪而忽视这两个原本非常重要的声音。

这一步骤中的关键要点在于：学会关注孩子的感受与老师的意见。

在分析事情的基础上解决相关问题

家长朋友们需要明白两点：

第一，我们解决问题的首要目标是将自己的孩子从负面情绪中摆脱出来，最好还能因此而有成长，而不是发泄成年人的情绪，抚平自己内心的创伤。有时候，家长比孩子还要脆弱，孩子已经没有问题了，但是家长却过不了这个坎，这不利于问题的解决。

第二，在学校里的大多数孩子间的冲突中，惩罚"肇事者"只是一种路径，而不是根本目的。人需要为自己的错误付出代价，所以合理惩罚是必要的。但有时原谅与宽恕也是教育的重要手段，更何况，只有强者才具备原谅的意识与能力。能够真正原谅，才是真正的放下，才是真正的平复。

那么，怎样才能"防患于未然"呢？不让孩子受委屈有两个办法：消除外在的伤害源；提高孩子的心理承受能力和独立能力。第一个方向，我们可以努力，但更重要的是第二个方向。我想给大家一些建议：

我们要鼓励孩子在父母老师的引导下去自己面对一些外部的困扰，因为，谁都不能够保护孩子一辈子，孩子需要自己去学习、去调整，并最终强大到可以保护父母。

所以我们不能事事为孩子出头，这样会让孩子对我们产生依赖，一点小事动辄就找父母与老师的孩子容易长不大，也很难为同龄人所接受。

要在和孩子沟通的过程中给孩子一个强大的心灵。很多时候，孩子被外在的负面因素困扰往往也是因为他的内心不够坚强。

举个例子来说明一下：假若一个男孩遭遇校园暴力，父亲应该怎样做呢？我想最理想的方式应该是：

首先，父亲应该到学校就相应问题和老师沟通清楚，按照相应的纪律与原则和相关流程处理问题。

其次，父亲需要和儿子有一些沟通及互动。父亲要告诉儿子，真正的男子汉气概并不是靠简单的暴力行为，人类应该野蛮体魄，文明精神，那些动辄使用暴力的人往往是内心虚弱的人；父亲应该尝试带着儿子去健身，体验自律，体验体魄强壮所带来的那份自信与平和；父亲要告诉儿子，有什么事随时和自己交流，虽然父亲不一定会亲自出面处理孩子间的问题，但是父亲永远是你的后盾。

这一步骤中的关键点在于：我们要更多关注孩子成长，而非个人情绪宣泄；我们要学会适当退后，指导孩子独立面对。

最后，希望各位家长都能用理性看清事实，着眼于孩子的真实感受而非自己内心的负面情绪，充分运用自己的教育智慧，引领孩子处理生命中遇到的挑战，让所有的负面外在都成为孩子成长的动力。

教育的可能

上一篇关于校园欺凌的文章更多侧重在理性层面做一些反思和解读。用心体会，在实际教育过程中应该有所裨益。但是当事情真正来临的时候，或许很多家长还是会乱了方寸，处理起来缺少头绪，那么这一篇小文则在实际处理的措施方面给了一些具体的建议，和上一篇可以相互参照理解，应该会让大家心中更加有底。

但从根本的层面来说，具体处理措施的有序和内心理解的透彻是互为表里的，这如同阳明先生所倡导的"知行合一"，不能真行，便非真知。

如何理解孩子的追星行为

孩子追星是一个常见的现象，很多家长朋友对此不知该如何应对处理。谈一点我的思路，仅供参考。

1

首先，追星是一件很正常的事情。追星的本质是一种偶像崇拜，偶像崇拜则是一件非常普通而且必要的事。

人的成长需要方向的引领。

方向可以通过语言来表达。比如说，我们教导孩子：做人要善良，要诚信，要热爱自己的国家等。语言可以引领孩子的成长，但某些时候，语言会有局限性，甚至会苍白而缺乏力量，尤其是在孩子慢慢长大，拥有了自己的独立判断之后。

相较于干瘪的语言，丰富而鲜活的行为或人格更能引领孩子的方向。那些拥有我们心中所渴望的美好品质的人，就是偶像。所以，偶像往往比语言更加能够引领方向。

西方人喜欢阅读人物传记，因为传记里那些鲜活而又美好的人物形象比单纯的语言会更有教育意义。而中国传统历史很大程度上就是一部人物史，有的高贵，有的苟且。无论如何，后人都会从历史中那些鲜活的人物身上获得一些生命的方向："择其善者而从之，其不善者而改之。"

中国传统读书人讲究经史互参：经典告诉我们人生的方向与意义，而历史当中的英雄人物则用自己的生命去诠释这样一种意义或者方向。我们后人就可能会选择崇拜与追随英雄，追随那些看得见的高贵与美好。某种意义上，那些圣贤与英雄就是偶像。阅读经典与史书的过程就是选择偶像去崇拜并追随的过程，偶像崇拜是人类历史的常态。

南宋民族英雄文天祥年少时读书看见学宫中祭祀的先贤，谥号为"忠"，因此感慨："如果死后不能置身于那些被祭祀的忠臣之中，那么我就不是大丈夫！"明末的民族英雄张苍水则以文天祥为自己的追随对象，忠贞不屈，以死殉国。在张苍水就义时，监斩官见张苍水的童仆杨冠玉尚是一脸稚气，便有心为他开脱。杨冠玉却断然拒绝道："张公为国，死于忠；我愿为张公，死于义。要杀便杀，不必多言。"言罢跪在张苍水面前引颈受刑，时年仅十五岁，见者无不落泪。这何尝不是一种偶像崇拜。

读书人追随的偶像更多来自历史中的记载。而民间那些普通的没有读过书的百姓也有自己的偶像，只不过他们的偶像来自祖辈口口相传的故事，来自那些朴素的民间信仰和散落于民间的价值符号，比如说牌坊与匾额等。

在中国的农村，即使一个不读书的普通人也一定知道关二爷，知道诸葛亮，会仰慕他们的忠义与智慧，会在无形中用这些偶像背后的价值观来判断周围的人和事，从而做出自己一个又一个的人生选择。在过去的乡间，总是有很多的牌坊立于道路之中，很多人会经过，会了解，然后在潜移默化中得到教育。每一个牌坊的背后都有着值得表彰的一个人或者一群人，或者是一种值得宣扬的品质。很多人都知道民间有贞节牌坊，事实上，牌坊有很多种，有忠义牌坊、孝子牌坊等。当然在今天看来，牌坊背后的价值观并不见得一定是正确的，但在当时当地，牌坊就是一种价值标准，牌坊所表彰的人就是民间的普通人所仰慕的偶像，无论如何，社会的教化是需要一些偶像的。

在中国古代传统社会，民间信仰中的偶像大都是百姓自发的形成，达到一定规模的时候，政府再顺势加以引导和规范，最终形成了比较大的信仰规模，对于社会的发展起到良好的润滑作用。比如说，妈祖的原型林默娘是一个善良正直，见义勇为，造福民众，而且懂得一点小"法术"的渔家女。在她去世后，当地的渔民为她立庙祭祀，并祈求平安，影响越来越大。后来，由于当地仕宦的提议和倡导，朝廷也频频给予妈祖赐封，到康熙十九年（1680年），妈祖被赐封为"护国庇民妙灵昭应弘仁普济天妃圣母"，极尽尊荣，妈祖信仰的影响力也越来越大。

2

说了这么多，还是为了借鉴古人智慧，为今天的家庭教育和学校教育提供一些思路和方法，下面就谈谈我的一点思路。

首先，我们要理解孩子的追星行为，并能够意识到这些行为背后的合理因素。只有这样，我们才能够和孩子开展真正的对话，并引导孩子理性地追星。

其次，我们担心的不是孩子崇拜偶像，而是担心他们的偶像是否值得崇拜。我们应该引导孩子多多阅读，让他们将偶像的选择范围扩展到更大的时空，从而可以选择一些高质量的偶像去追随。美无处不在，缺少的是发现，所以我们要扩大孩子的阅读量，要注意通过交流给孩子更大的世界和更多的选择。

再次，就算我们觉得孩子的偶像不是那么合宜，也不要轻易否定孩子的偶像，而是要顺势引导，让孩子更加全面而充分地了解自己的偶像，并挖掘出偶像身上的正能量，从而带动孩子的成长。

最后，我们还需要告诉孩子，追星要保有清醒和冷静，崇拜偶像是为了更好地建构自己的生命，所以决不能在追星中迷失自我。比如说，我很喜欢姚明，喜欢他的睿智与勤奋。但是我绝对不想成为姚明，他太高了，出门人都认识，缺少正常的隐私，很难享受平静的生活。而且，我觉得我们各有各的长处，在篮球运动领域，姚明是不可逾越的高峰；但换到传统文化领域，或许姚明也需要向我请教。

一个人如果将自己交出，那只能是交给信仰，是为了成就更大的自我。我们不能把自己交给世俗中任何一个人，没有独立人格，一切都无从谈起了。

教育的可能

　　追星是青少年成长过程中常见的现象。教育的本质是人与人的互动，灵魂与灵魂的互动。所以，每个人都会有自己的星，也都会去追求并模仿自己的星。

　　问题的关键在于我们如何引导孩子去选择合适的偶像。我们应该培养孩子阅读的习惯，要和孩子有深度而全面的交流，并在阅读与交流中引领孩子树立正确的价值观。通过阅读，孩子选择偶像的范围可以扩展到古今中外，而标准也会站在人类文明宏大的立场上，再加上和父母有充分的交流，那我们还有什么可以担心的呢？

明月下的情感教育

—— 从中秋团圆思考中国人的生命归属

中秋节是我们中国人的传统节日。通常来说,我们会在中秋节和家人团圆,吃月饼,赏月。有些朋友也会觉得,那就是一个假日而已,只要轻松愉快,怎么安排都好。这样的思路也没有什么不对。但在我看来,我们还是应该更走心一些。每一个传统节日的背后都蕴含着中国人独特的文化感受与价值判断,中秋节亦不例外。因为这些独特的文化感受与价值判断,我们会越来越踏实,越来越温暖,对自己的身份归属也会更加确认。

我想走心地和大家聊聊月亮,因为那是中秋节一个核心的要素。

作为一个物质层面的星体,月亮属于全世界,美国宇航员阿姆斯特朗第一个登上了月球，或许在不远的将来，会有更多的人登上月球，包括你我。但是在中国人心中，月亮是一个优雅而带有些许清冷的精神生命。古人云："月儿弯弯照九州，几家欢乐几家愁。"月亮她就在夜空中默默地俯瞰着这个世间的悲欢离合；同时，她又悬挂在我们每个人的心灵的天空，月华如水，千古不易。或许我们可以从古代中国文人的描述中去了解月亮在中国人精神世界中的意义。

中国古人提及月亮，最常见的是要表达一种思念之情。至于原因究竟何在，尚无定论，或许我们可以试着去体会一下。

白天的人们会很忙碌，但当夜晚来临，一切都静了下来。一轮皎洁的明月散发着清辉，如水如雾，弥漫在这个世界，这样一份皎洁和清凉会让人沉醉其中。于是，很多潜藏在内心深处的细腻的情思便开始浮上心头。我们会想念那些分离许久的亲人或者朋友。

在今天，通信技术的发达可以保证我们与亲朋的联络。但在古代，很多亲朋故友可能一别就是半生，信息沟通速度很慢，若碰上战乱，可能就是音信全无。这样一份痛苦会在寂静的夜晚慢慢浮现在心头。此时，天上的圆月就会成为平复我们思念之苦的最重要的凭借。无论天涯海角，月亮是同一轮月亮，月亮照耀着我，也照耀着我思念的人，我们相隔千里，但是我们在同一轮明月下。

唐代诗人张九龄在诗中写道："海上生明月，天涯共此时。"唐代诗人王建在诗中说："今夜月明人尽望，不知秋思落谁家。"这两句诗都是在表达这样一个意思。明月成为联系我们的纽带，在我们望着月光怀念远方的亲友时，会带着一种美好的想象，亲友也在月光下思念着我们。有人说，月亮此时就好像变成了一面镜子，在镜子中，我们和想念的亲朋似乎可以通过反射看到彼此，这真的是一种美好而温暖的想象。杜甫有诗云："今夜鄜州月，闺中只独看。遥怜小儿女，未解忆长安。"意思是说：儿女都还小，尚不懂得惦念父亲，只有妻子和自己对月遥寄相思。

月亮与思念相连还有一个重要的原因，那就是圆月可以引申为团圆。因此中秋节天空的圆月和人间的团圆就暗合在一起。一家人团团圆圆在一起赏月就会是一件温馨而自然的事。所以，当亲朋分离时，天上的圆月就会带给人莫名的伤感，月亮都圆了，可是我和亲朋却天各一方，着实令人伤感。

唐人岑参诗中有云："走马西来欲到天，辞家见月两回圆。"苏东坡在中秋之夜怀念自己的弟弟说："人有悲欢离合，月有阴晴圆缺。"期待人能长长久久，千里共婵娟。在另外一首同样写于中秋的词中，他说道："中秋谁与共孤光，把盏凄然北望。"那样一种思念的煎熬在中秋之夜会被放大，牵肠挂肚，难以自已。

月光与思念、团圆有着紧密的联系，于是又一个充满温度的概念便和月亮开始相连。那就是故乡。因为，我们思念的、渴望团圆的人大多也都是故乡人。故乡的人、故乡的事还有故乡那纯粹的土地缠绕在一起，彼此关联，难以分割。因此，我们便会发现在中国古人的诗词中，提到明月，便常有思乡之情悄然相随。大家最熟悉的莫过于李白的诗："床前明月光，疑是地上霜。举头望明月，低头思故乡。"宋人王安石在旅途中思念家乡写下了那句传颂千古的诗："春风又绿江南岸，明月何时照我还？"唐代大诗人白居易在战乱中与兄弟姐妹分离在五处，他望着天上的明月感慨道："共看明月应垂泪，一夜乡心五处同。"意思是说，散落在五地的兄弟姐妹遥望明月，应该会和自己一样伤心落泪吧。

此时，大家应该能够理解为什么明月这么频繁地出现在中国古人的诗词之中了吧。因为每个中国人心中最温暖最牵挂的角落永远是故土和亲人，最神圣而又最平凡的梦想就是家人的团团圆圆，最清雅而又最浓烈的情感就是在皎洁的月光下思念心中惦念的亲人和爱人。其实，我们真正在意的并不是那样一轮月亮，而是心中那些最暖的情感与牵挂。我们在意的是我们的家人，是我们的故土。

中秋节要到了，希望大家能够珍惜和家人团圆的时光，去体味那份恬淡的温暖。哪怕只是一起安静地看看月亮，也会有一种难以言传的幸福。千万不要因为这份相伴过于平常就慢慢地木然而不珍惜。苏轼说"人间有味是清欢"，我深以为然，真正的美好往往就在于那些最寻常的欢愉。

假若有一天我们和亲人分开，也希望明月当空的时候，那月色能够唤醒你内心的思念，让你渴望踏上归家的旅程，因为那是我们骨子里的一种惦念。就算短期内难以相见，那心中的情感也会纠缠不断，这固然会是一种痛，但又何尝不是一种深沉的幸福？因为在这个世界上，故土和亲人就安静地在那里，是我们所有人生命的原乡。真正可悲而又可怕的是，我们有了联络的手段，却没有了渴望联络的心。很多时候，我们被裹挟在世俗的潮流中，我们心中那份最纯净的情感往往容易迷失在过于功利的现实节奏中。这份心灵的荒芜会带给我们和家人一种伤害，我们会孤单而无助。所以，我们需要文化，我们需要民族的共同记忆来提醒我们，尤其是需要一些鲜明的符号和标志来指引我们，比如中秋，比如诗中那皎洁的亘古不变的明月。

希望我们每个人的心头都有一轮皎洁无尘的月亮，光华洒满整个心田，月光中有着淡淡的惦念，有着浓浓的相思，有着天涯共此时的期待，有着千里共婵娟的祝福。这轮明月和我们心中的最美的情感相应和：因为月光，我们的情感被激发；因为情感，月光便有了不同的意义。这就是属于中国人的月亮，你明白了这个月亮，你就明白了中国人的情感状态和价值追求。你就是一个能够拥有平淡的幸福的中国人。

但愿人长久，千里共婵娟。

灯火里的教育启示

——从元宵诗词看生命共情与文化传承

今天是元宵节。

因为疫情，今年的元宵节注定会是冷清的。但是我们依旧可以在字里心间过元宵节。我们可以用心去感受诗人笔下的元宵节，去体会文字背后的欢喜愉悦与悲伤哀愁。

大部分情况下，元宵节是热闹而又明亮的。分享三首唐宋人的诗词，大家可以从中领略那时那地的元宵节，感受唐宋的气象，去并试着去体悟元宵节背后的文化内涵。

正月十五夜灯

〔唐〕张祜

千门开锁万灯明，正月中旬动帝京。

三百内人连袖舞，一时天上著词声。

正月十五夜

〔唐〕苏味道

火树银花合，星桥铁锁开。

暗尘随马去，明月逐人来。

游伎皆秾李，行歌尽落梅。

金吾不禁夜，玉漏莫相催。

生查子·元夕

〔宋〕欧阳修

去年元夜时，花市灯如昼。

月上柳梢头，人约黄昏后。

今年元夜时，月与灯依旧。

不见去年人，泪湿春衫袖。

　　一个狂欢的夜晚，圆月隐映在盛大而热闹的灯火中，熙熙攘攘的人群，还有那在绚烂的光影中发生的或美丽或凄婉的爱情故事，这些都是中国人心中的元宵节。

灯火，首先与我们生命深处对火的崇拜有关。看到在灯火中穿梭的人群，我们似乎能够看到先民围绕着篝火狂欢的情形。火意味着温暖与光明，是我们对抗黑暗与严寒的重要力量。

我们将狂欢的日子选择在了新春的第一个月圆之夜，严冬已然过去，家人团团圆圆。灯火给我们力量，同时，力量还来自亲人伙伴。有灯火，有家人伙伴，有智慧，就有温暖与光明，就会走过严寒，迈入春天。所以我们要珍爱身边的亲人同伴，相信智慧的力量并追逐智慧。我想这或许就是元宵节欢快热闹背后的情感表达与文化内涵。

相信温暖与智慧，相信冬去春会来，这就是我们心中的元宵节，也是中国人绵延不绝的生命信念。也希望明年的此时，没有疫情与伤痛，我们和家人在一起过节，伴随着孩子们欢快的笑声，我们能够和他们讲讲灯火背后的故事，讲讲冬去春来的简单道理。孩子们的路还长，需要一些明亮而简单的生命智慧陪伴他们行走。

这几天看到有人说，我们真是有点倒霉，多少年也赶不上今年这么萧条的春节。和大家分享几首与元宵节有关的诗词。其实这个世界上从来都不缺少悲伤与落寞，或许只是我们没有感知到而已。感知不到别人的伤痛，我们就会觉得自己是最惨的。

无言哽噎。看灯记得年时节。行行指月行行说。愿月常圆，休要暂时缺。

今年华市灯罗列。好灯争奈人心别。人前不敢分明说。不忍抬头，羞见旧时月。

这是一首悼亡词，题为《醉落魄》，是宋徽宗赵佶在宋宣和四年（1122年）元宵节的夜晚怀念他去世的妻子而作。

灯火依稀似去年，但是不见去年人。不管是万乘之君，还是普通平民，都永远无法避免生离死别带来的痛苦。尤其是在物是人非的美景之中，回忆可以带来温暖，却同样也可以唤醒伤痛。

五年后，宋徽宗遇到了更大的痛苦，靖康之变，他和儿子宋钦宗被金人俘虏，国破家亡。在被押解北行的路上，他写下了这样的文字："天遥地远，万水千山，知他故宫何处？"

山河破碎，作为君主首当其冲。但覆巢之下，焉有完卵，兵荒马乱、颠沛流离，内心的幻灭与痛苦，不管是达官贵人还是平民百姓都无法幸免。我们看宋代女词人李清照南渡之后的词《永遇乐》，同样写于元宵节，她怀念当初的美好与欢愉，心中是无限的凄凉与哀愁。

落日熔金，暮云合璧，人在何处。染柳烟浓，吹梅笛怨，春意知几许。元宵佳节，融和天气，次第岂无风雨。来相召、香车宝马，谢他酒朋诗侣。

　　中州盛日，闺门多暇，记得偏重三五。铺翠冠儿，捻金雪柳，簇带争济楚。如今憔悴，风鬟霜鬓，怕见夜间出去。不如向、帘儿底下，听人笑语。

　　依然是初春的美景，很好的天气，但是国运的衰微，个人命运的飘零坎坷已经让女词人对眼前的一切毫无兴致，物是人非事事休，欲语泪先流。痛苦的愁绪无法排遣，便只是沉浸在当初的美好回忆之中聊以度日罢了。

　　有人说，因为疫情，我们应该取消元宵晚会，今年不过元宵节了。事实上，过不过元宵节完全是自己可以决定的，与他人没有关系。如果不愿意过，我们可以远远地看着，甚至可以避开那些热闹，沉浸在自己真实的情感世界里。

　　1289年元宵节，一个名叫连文凤的文人写了一首诗《己丑元宵》：

　　不因灯火有元宵，聊把时光慰寂寥。

十四年来无此兴，三更踏月过河桥。

他已经有14年不过元宵节了，自从蒙古兵攻占临安，南宋皇帝流亡，没有了故国，没有了带给自己信仰与归属的文明，就没有了明亮、温暖，灯火和元宵也便徒有其表，失去了其真正的意义。然而佳节到来之时，心中的孤独与落寞却更加无法排遣，于是只能是久久地在孤寂的月夜下徘徊。三更月下寂寥的背影，这是一个无家可归的孩子的苦闷与彷徨。

通过前人的文字，我们依然能够体验到一个丰富而多元的元宵节。因为疫情的缘故，我们有机会把目光从现实中部分抽离出来，更多地转向文字，其实也是一种难得的机缘。

文字是现实的反映，但是文字又不完全同于现实。现实在不停的流动之中，而文字则是可以停驻的，某种意义上，甚至是可以永恒不朽的。现实是庞大而分散的，而文字则是相对深刻而聚焦的。

生活在现实中的我们，如同朝生暮死的蜉蝣，很容易只是关注此时此地，远方似乎非目力所能及。而在文字之中，我们则可以看见更大的时空。大的时空可以让我们更加豁达理性。当我们站在一个更大的时空里看问题的时候，悲伤其实不算什么，所谓的成就可能也真的没有什么了不起。这就是时空的力量，它具有让人清醒理性的功能，因为理性，我们没有那么自大与狂妄。也因为理性，我们可以疗愈部分的失落与悲伤，人类在发展的历史中碰到过很多的困境与伤痛，我们有力量克服困难，走出困境，这一次面对疫情也不会例外。

生活在现实中的我们，似乎每天都在关注着现实，但其实我们与现实又缺乏真正的互动。有时候，我们的感官在动，我们在听，我们在看，我们在说，然而，我们的心其实没有动。心不在焉，视而不见，听而不闻，食而不知其味。我们就会进入一种麻木无感的状态。

想起鲁迅先生在1927年写的《小杂感》中的一段文字。以前读过，就很有刺痛感，现在找出来读读，便更觉凄凉战栗。

楼下一个男人病得要死，那间壁的一家唱着留声机；对面是弄孩子。楼上有两人狂笑；还有打牌声。河中的船上有女人哭着她死去的母亲。

人类的悲欢并不相通，我只觉得他们吵闹。

这就是鲁迅先生看到的现实以及感受，当时如此，百年后变化似乎也不是很大。他的文字中透着批判，包括对于自己的批判，也透着绝望，甚至有一种浓厚的悲凉。然而如同鲁迅先生的所有文字和他的生命气质一样，这段冷漠而绝望的文字不仅仅是批评，更是透着炽热的期待，含着一丝无所谓有无所谓无的希望。如果人类不能去克服这样一种姑且称之为"劣根性"的东西，事情就会越来越糟，当我们无法感受到别人的伤痛，我们就容易冷漠而封闭，变成一座座孤岛。而这些和人类披荆斩棘一路走来所依仗的力量是相反的，和人类所有美好的传统包括眼下的元宵节所包含的传统都是违背的。

我们需要调整。我们需要去用心感知这个世界，与这个世界共情。或许文字就是一个很好的媒介，如前文所言，相对于现实，文字是相对深刻而聚焦的。好的文字都是有心人写给有心人读的。如果我们有心，我们可以透过文字感受到别人的情感，我们可以走出小我，与周围的人，与这个世界同悲共喜。那时，我们的个体生命会是柔软而鲜活的，人类这个群体才会凝聚并充满着力量。

希望大家能够在文字中感受到更大的时空，从而拥有更大的生命格局。也希望大家能够在文字中摆脱个体孤独的狂舞，进入到彼此的悲欢，用一颗柔软而悲悯的心去面对这个世界。那时，每一天都会是充满着光明、温暖与智慧的元宵佳节！

祝大家元宵节快乐。

挫折教育中的达观智慧

—— 从《古文观止》中学会坚守的生命姿态

2021年过去了，这一年世界并不太平，原想着疫情应该结束了，但是疫情了犹未了，还关联着经济低迷等诸多的问题，虽然我们一直说，春天终究会到来，但这似乎确实是一个寒冷的冬天。

辞旧迎新之际，面对着眼下，有人对未来表示悲观，充满着焦虑与不安，有人认为马上就会冬去春来，对一切充满着信心，也有人完全无感，各种情绪与态度起伏交错。

在教育者眼中，生活中的一切都是教育的契机和素材，教育的一切也都是为了更好的生活。眼下就是一个教育的契机，我们需要一起聊聊如何面对挫折与不顺，不测与无常。在鲜活的生活中去开展生命间的对话，教育才会更加灵动而有力量。

思考很多问题，我的第一反应都是回望历史。"古人无复洛城东，今人还对落花风。年年岁岁花相似，岁岁年年人不同。"不管是个体生命的浮沉还是社会整体的动荡起伏，在历史上都是惯常的事情。回望历史，可以看到苦难与辉煌，也可以看到面对苦难与辉煌的诸多生命姿态，于其中，我们可以有所倾向，有所选择。

这个学期以来和几位同事一起阅读分享《古文观止》，零零散散精读了十几篇文章，读的时候只是凭着大家的喜好随意选些文章来读，但是一段时间以后发现，这些看似散乱的文章分明集中彰显着一种稳定的生命姿态。这些文章，就是中国传统读书人的生命图谱，他们用鲜活的生命状态来诠释自己坚守的价值判断，然后就隐藏在这些文字之中，静静等待，只为某个时刻，和某位特定的阅读者产生生命的共鸣，彼此慰藉。这样的共鸣多了，就形成了中华文脉的薪火相传，生生不息。

超然物外

999年，被苏轼称赞为"耿然如秋霜夏日，不可狎玩"

的北宋名臣王禹偁被贬黄州，作《黄冈竹楼记》一篇。文中提及他建造了价廉而工省的小竹楼一座，于竹楼之中，"远吞山光，平挹江濑"，也会在闲暇之时，手执《周易》一卷，焚香默坐，消遣世虑，"江山之外，第见风帆沙鸟、烟云竹树"。偶尔也会酒后昏睡，一觉醒来已是夕阳西下，素月初升。贬谪的时光固然有些许狼狈，但也绝不缺少雅致与从容。

建筑竹楼的工人告诉王禹偁说，竹楼易朽，寿命不过十年而已。王禹偁自我解嘲说，自己四年已然换了四个地方，滁州、扬州、汴梁、黄州，十年后身居何处尚不可知，何必烦恼竹楼易朽。

读到此处，心生感慨，即便以耿介留名青史的王禹偁也是如此的豁达通透，他的后辈苏轼与他也是颇有穿越时空的共鸣。"人生到处知何似，应是飞鸿踏雪泥"，一样的顺天知命。"问汝平生功业，黄州、惠州、儋州"，一样的豪情与洒脱。

王禹偁于贬谪之中平静淡然，豁达通透，不被外物左右。这样一种境界我们可以称之为"超然"。然而，这份"超然"的境界因何而生，从何而来，我们来读读苏轼的《超然台记》。

大时空观

1074年，苏轼由杭州通判转任密州知州，从雅致的湖山之观到略显粗鄙的桑麻之野，有人认为他或许很难适应，但事实上，他在密州过得潇洒自如，怡然自得，心情好，身体也很不错，面容丰腴，白发转黑。

在密州，他修葺了一座破旧的高台，与朋友登览四方。弟弟苏辙为高台命名为超然台。苏轼写下《超然台记》，抒发心意，揭示他怡然自得的原因。

苏轼认为："凡物皆有可观，苟有可观，皆有可乐。"也就是说，天下的事物都有其可观、可乐之处，人生应当是个"无所往而不乐"的过程。那为什么会有人不快乐呢，这是心智被蒙蔽的缘故，而心智又为什么会被蒙蔽呢？那是因为很多人"游于物之内，而不游于物之外"，故而只能在物内观物，局限狭窄，从而看不清真相而忧患丛生。人生只有超然物外，方能有无尽之乐。

苏轼又是如何做到超然的呢？从文中看，关键在于超然台。苏轼与朋友登上高台，放意肆志，举目四望，思绪绵绵。南边群山绵延，应该有些德才兼备的隐士高人居于其中；东面是秦朝博士卢敖逃遁隐居的地方；西边的穆陵关则记载着姜太公与齐桓公的赫赫霸业；北向俯瞰潍水，慨然太息，追思淮阴侯韩信之功，亦感慨其未能善终。

就这样，在一个寻常的土台之上，苏轼和朋友观天地自然之苍茫，叹历史古今之无常。将一个小我投射到了大大的时空之中，超然物外，不被小我局限也就成了可能。因为当我们将时空放大延长的时候，人生的际遇悲喜就变得渺小而不足道了。其实，何处没有高台，何处没有时空的痕迹，关键在于我们的心中是否能有大的时空。胸中有丘壑千古，我们就能够站在人类数千年文明的基础之上去思考并安顿自己短短不过百年的生命。

有大时空观是我们获得超然的生命姿态的前提条件，但或许并不是充分条件。从大的时空观到超然豁达的生命姿态之间还有着一个重要的环节，那就是一个人内心的平和与安静。我们读读苏辙的《黄州快哉亭记》，就会发现其中有明确而笃定的表达。

其中自得

1083年，苏轼被贬黄州，好友张怀民亦被贬谪此处，二人醉情山水，于江边建了一座亭台以观江流之胜，苏轼为之命名曰：快哉亭。虽然南北相隔数千里，但快哉亭和超然台依然非常相像：都能看到美妙的自然风光，都能触景生情凭吊历史。

苏轼在一首词中写道："一点浩然气，千里快哉风。"表达了自己的洒脱自在，其中用到了关于孟子和宋玉的两个典故。大家大都被文字的豪放洒脱触动，却往往忽略了文字背后的哲理表达：内在的"浩然气"是外在的"快哉风"的逻辑前提。风就是风本身，但是我们对于风的感受并不是由风来决定，而是由我们的内心来决定。不只是对风的感受，其他诸般事物，皆是如此。苏辙为张怀民写了一篇《黄州快哉亭记》，其中论述得更加清晰明了。

文中提及了当年宋玉陪楚襄王在兰台宫游览时的旧事，楚襄王迎着飒飒吹来的风，大呼快哉，并说，这风必定是他和庶民百姓共同享受拥有的吧。宋玉则说，这是独属于大王的雄风，普通百姓怎能享受拥有。宋玉的话有讽喻的味道，大王和庶民心境不同，估计对于风的感觉也自然不同吧。叙述完了旧事，苏辙话锋一转，直抒胸臆："士生于世，使其中不自得，将何往而非病？使其中坦然，不以物伤性，将何适而非快？"问题的关键在于"其中"，即我们的内心。内心自得坦然才是我们真正畅快的理由。大时空观关照下的内心坦然自得方是我们人生修行精进的关键。

《大学》有云："知止而后有定，定而后能静，静而后能安，安而后能虑，虑而后能得。"两相对照，内心坦然自得大概相当于安的境界，那么其后的虑和得又会是一种怎样的生命境界呢？我们来看另一篇文章。

自我的定位与使命

801年，时年五十岁的孟郊要到江南担任一介小官溧阳尉，胸中颇有怀才不遇的郁结之气，韩愈为之送行，写下《送孟东野序》。

在文中，韩愈安慰孟郊，哲思高旷。他说："大凡物不得其平则鸣。"所谓"不得其平"并不特指不公平，而是指一切外在的人生境遇打破我们内在平静的过程。因为内心的不平静，无数的先哲就会发出声音，为己而鸣，为万千生民而鸣，为天地万世而鸣。天地无言，但是天地永远在选择善鸣的人用语言和文辞来表达，表达神圣与辽远，传递雅致与悲悯，从而使万物复苏，群寐咸醒。比如，孔子就是上天选定的木铎，"天不生仲尼，万古如长夜"，孔子之后的百家争鸣，也都是美妙而各有千秋的声音。

韩愈称赞孟郊、李翱、张籍都是了不起的善鸣者，但是他又说："抑不知天将和其声，而使鸣国家之盛邪？

将穷饿其身，思愁其心肠，而使自鸣其不幸邪？三子者之命则悬乎天矣。其在上也，奚以喜？其在下也，奚以悲？"

"鸣者"与生俱来的使命就是"鸣"，"鸣"就是"鸣者"存在的意义，至于他们所经历的一切荣辱悲欢，都是"鸣"的素材与动力，都是上天的安排，无足轻重，自然也是无关悲喜。而"鸣者"所能做的就如白居易所说的"文章合为时而著，歌诗合为事而作"。或歌颂，或批判，顺应自然罢了。

韩愈的安慰颇具力量，呈现出了不同凡俗的境界与格局。我们拥有了大时空观，清晰了解生命个体的渺小，从而更加珍惜生命的意义，于是在大时空中去寻找自己的使命，在完成使命的同时也完成了生命的安顿与超越，超越了渺小和局限，与天地万物开始融为一体。

而一旦确定了自我的使命与位置，有了内在稳定的灵魂，外在的一切都只是我们生命的背景或者是衬托罢了。没有风雨，就不会有苏轼"莫听穿林打叶声，何妨吟啸且徐行"的洒脱淡然和"一蓑烟雨任平生"的豪放与定力。这样的画面，苏轼不是第一人，也不会是最后一人，前有古人，后有来者，这是一幅穿越时空绵延不绝的画卷。

随遇而安

一旦找到了使命，生命就会进入一种真正的随遇而安。每个生命都有自己的位置，也都有自己的归宿。"羁鸟恋旧林，池鱼思故渊"，陶渊明最终选择回归田园。

想起了我们一起读陶渊明《归去来兮辞》的感受。我们去思考分析陶渊明回归田园的原因，有些不同寻常的收获。一般说来，大家都认为陶渊明是厌恶官场黑暗，不想为五斗米折腰，于是愤然离开官场。这的确是原因，但或许这还不是最本质的原因，因为我们发现陶渊明在文章的序中提及，虽然他发现自己不适合官场，但是他也努力想去适应，可是最后发现"质性自然，非矫厉所得"，于是也便放弃了进一步尝试，选择归隐田园。因为那是一种生命深处的渴望，无法回避。他天生属于山林，如此而已。在山林之中，他能找到那份最自如的感受。

我们每个人好像都带着先天特定的剧本来到了这个世界，这个剧本规定好了我们的角色，也规定了角色的情感与性格以及使命。但是这个剧本并没有确定相关背景，我们每个人就是要在不同的背景下去塑造好自己的角色，去按照剧本的预设来体现出角色的性格特征乃至审美。超然物外，顺其自然完成自己的生命使命，这就是人生应该有的状态。当人生顺遂，机会通达之时，要珍惜自己的影响力，多做有意义的事，积德行善，不去整什么"身不由己"之类的无病呻吟。穷困时就多读书多思考，爱惜自己的羽毛，"腹有诗书气自华"，不觉寒酸与被冷落，也不谈什么怀才不遇愤世嫉俗的废话。就这样一天天过着走着，我们就逐渐成为自己，求仁得仁，乐天知命，各得其所，如此而已。三毛曾说："人之可贵，在于我们因着时光环境的改变，在生活上得到长进。岁月的流失固然是无可奈何，而人的逐渐蜕变，却又脱不出时光的力量。"找到自己，成为自己，岁月方能静好。

面对苦难

还是要单独谈一下苦难。如果苦难可以逃避，我们都愿意选择远离苦难，但是当苦难无从回避之时，我们便只能选择去面对，将它视为自己生命中风雨飘摇的背景。让它去衬托甚至是成就自己的生命。脑海中浮现出了很多有生命的文字，它们多是从苦难中来，如同杜甫所云"文章憎命达"。

清代有个文人叫张苞，进了一次监狱，写了一篇文章，叫《狱中杂记》；20世纪60年代，杨绛先生和钱锺书先生被下放到干校，后来杨先生写了《干校六记》，表达了很多自己的生命感受，平静而深情；作家史铁生一生病痛缠身，曾是运动健将，后来意外瘫痪，又得了严重的肾病。读过很多他写的东西，那么的真诚而有力量；1968年到1975年梁晓声在北大荒度过了7年的知青岁月，诸多的经历感受促使他开启了"伤痕文学"的序幕。

陀思妥耶夫斯基说过，我唯一担心的是我配不上我所经历的苦难。泰戈尔说，生命吻我以痛，要我报之以歌。我们都期望远离苦难，但是当我们退无可退的时候，我们应该也可以从苦难中收获些什么。有人说，时代的一粒灰，落在个人头上就是一座山。这是一句充满着悲悯与同情的表达，我深以为然，对于别人的苦难，我们应当给予这样的理解与共情，而不是麻木无感。但是，我们是否可以换一个角度来审视我们自己所经历的苦难，或许眼下的苦难于我们个体而言确实如同一座山，让我们感觉到压抑与憋闷，但是如果我们能够从更大的时空去理解，或许这座山也不过就是一粒微尘罢了，从容地拂去也不是难事。

面对他人的苦难，由一粒微尘到一座山，是极致的温暖与悲悯；面对自己的苦难，由一座山到一粒微尘，是极致的理性智慧。

勇猛精进达观超然

24年前，在一部贺岁片《甲方乙方》中，葛优扮演的主角说："1997年过去了，我很怀念它。"此时的我也有这样一种感觉，充满着怀念，无关悲喜。只是希望生命中的每一天，都能知道自己是谁，要到哪里去，剩下的就是边走边好了。想起胡适先生的谈追求真理的一句话："明知道真理无穷，进一寸有一寸的欢喜。"

其实人生也是如此。真理一定是要追求的，生命也一定是要有明确指向的。这是一份坚定和勇猛；追求真理的结果不必太在意，人生也是如此，我们确定了方向就好，至于最后的结果，我们确实也没有必然的把握，只是随遇而安罢了。这是一份智慧与超然。

祝愿各位有生之年都能勇猛精进，达观超然！

教育的可能

前面的三篇文章是三封信，分别写于2018年中秋、2019年元宵、2022年春节。在特定的传统节日给师生写信是我经常做也喜欢做的一件事。因为我觉得这很有意义，个体生命需要深刻地理解本民族的文化传统，这是个体与民族的双向奔赴，彼此成全。

　　因为对于传统的敬意和体悟，我们找到了归属与方向，从而温暖而坚定地走向远方。同样，整体的文明因为个体的选择和坚守生生不息，绵延不绝。不管是血脉，还是文脉，都要延续不断，薪火相传，这是中国人置于尘世间最朴素的信仰。

后记

　　整理完这些文字，我有一种庖丁解牛后的自得，"提刀而立，为之四顾，为之踌躇满志"。然而与庖丁的自信与淡定不同，我更多是一种尽力而为之后的幸福与满足。

　　期待这些文字能够与更多的同行和家长朋友相遇，无论是认可还是批评，只要能够引发大家的思考，我就很开心了。思考问题是解决问题的开始。我始终坚信，如果能保有独立思考的习惯，我们可以减少很大一部分痛苦。

　　然而问题在于，长期坚持独立思考并不是一件容易的事。我有些朋友就有这样的困境，他们缺少坚定的立场，容易被周围的观点左右，在教育孩子的过程中焦虑烦闷。在和我聊完天后，他们大都觉得通透明了，于是身心愉悦，自在洒脱。然而这样的心情保持不了多长时间，如果不能和我保持联系，持续沟通，他们的状态大概率很快就会回到原来的轨道上去，来来回回，纠结撕扯。于是他们就会周期性地找我聊天，奉承我为专业的教育者，觉得我很强。

其实，他们不知道的是，他们也可以很强，解决问题的关键从来都不在于我。和我聊天后，他们感觉到通透洒脱，不是因为我的专业和雄辩，而是因为在我们交流的过程中，他们调动并使用了自己的理性。而后来的纠结反复也并不是因为我的缺席，而在于他们又暂时忽略了理性的存在，被情绪和周围的观点纠缠，失去了正常思考的能力。所以说，问题的关键永远在于自己，在于自身理性的彰显，其他人，比如我，充其量也就是个引导者的角色罢了。真正有效的救赎永远是自我救赎。不要总想着救别人，更不要指望被别人救，一个灵魂承担不了两个灵魂的重量。

既然每个人原本都很强，那么我们该如何发现并保持这份强大呢？关键在于我们要充分调动自己的理性并保持理性在线。借用王阳明心学的观点，就是要找到自己内心与生俱来的良知并保证良知的清明不染。《西游记》中引用过一首佛门的偈子："佛在灵山莫远求，灵山只在汝心头。人人有个灵山塔，好向灵山塔下修。"阳明先生也有一首有意思的诗："人人自有定盘针，万化根源总在心。却笑从前颠倒见，枝枝叶叶外头寻。"

圣人之道，吾性自足，原不需外求。

那么如何寻得本心并保持独立不迁呢？我们确实也需要可操作性的路径和手段。以教育场景为例，以家长朋友为建议对象，借鉴先贤智慧，我提供三个简单易行的思路，大家假若愿意尝试并坚持，或许能够有一定的作用。

选择一个静见本心的路径，费点功夫，坚持下来。

比如阳明先生曾教给弟子的静坐。如果我们每天都能拿出一点时间来静坐，在静坐中摆脱诸多纷扰，去除不必要的掩饰与伪装，超越一切无关身份，只从父母的一颗心来思考，到底怎样做才是合理的，才是真正对孩子好。渐渐的，我们就可以直指本心，寻得父母身份之本然面目，一些不必要的虚荣、浮躁和焦虑慢慢就会远离。

静坐的关键在于静，而不在于坐。如果您在走路的时候可以放空自己，那就去走路；如果音乐可以让自己明心见性，那就听音乐；如果读书可以让自己心静如水，那就读书；如果写作的形式可以让自己直面真实的心灵，那就用育儿日记来找到自我。劈柴担水，无非妙道；行住坐卧，皆在道场。如此而已。

利用好孩子成长过程中的每一次波折去自我提升。

阳明先生一直讲究动静功夫的平衡，安静时固然可以见到内心的本来面目，照见世间万物，但"事上磨炼"同样重要。阳明先生说："人须在事上磨，方立得住，方能静亦定，动亦定。"因为有事刺激，我们就会起心动念，就会有具体的痕迹，有了具体的痕迹，就便于我们抓取反省。所以我们在碰到具体问题，产生了情绪波动的时候，一定要保持镇定，回归本心，去反思自己起心动念的逻辑。去追问和权衡，在这种情况下，到底如何做才是对孩子最有利的做法。不用几次下来，境界肯定大长。

远离给自己增添焦虑的人。

如果自己的能量与定力都不足，那就一定要远离那些会影响到自己理性清明的人。很多出家人之所以远离荤腥就是为了避免不必要的刺激，从而保持内心的清净无尘。物是如此，人也是一样的道理。远离损友，是个必要且不错的选择。

很多朋友喜欢讨论那些特别"卷"的话题，让我们增加焦虑，徒生烦恼，这样的人主要有两类：

有一类朋友其实就是糊涂，容易被外部潮流裹挟，他们也算是受害者，但是当我们处于平静与崩溃的临界点的时候，我们无力与他们共情并承受他们所制造出的焦虑，所以，逐渐远离是个合理的选择。

还有一小部分就是损友。他们在讨论这些话题的时候，表面上是关心和分享的角度，但本质上往往是炫耀，是在对比中凸显自己的优势地位，用凡尔赛的方式来展示自己是人生赢家。他们用自己的优势打乱别人的平静，在别人的焦虑和压力中享受自己的荣耀与光彩，将幸福建立在对于他人碾压的基础之上。这样的朋友，严格意义上已经不是朋友了，远离这样的人，必要且迫切。

人生的修行精进，永无止境亦无捷径，愿我们都能一生理性平和，用内在的力量去面对外在诸多的不确定，淡定从容，不负此生。

图书在版编目（CIP）数据

教育的可能 / 徐加胜著. -- 桂林：漓江出版社，
2025. 5. -- ISBN 978-7-5801-0327-7

Ⅰ. G40-05

中国国家版本馆 CIP 数据核字第 20252KW962 号

教育的可能
JIAOYU DE KENENG

作　　者　徐加胜

出版人　梁　志
出版策划　周青丰
责任编辑　杨海涛
助理编辑　晏秋洁
特约编辑　戈　云　潘媛媛
装帧设计　微言视觉｜沈　慢
责任校对　覃乃川
责任监印　杨　东

出版发行　漓江出版社有限公司
社　　址　广西桂林市南环路 22 号
邮　　编　541002
发行电话　010-85891290　0773-2582200
邮购热线　0773-2582200
网　　址　www.lijiangbooks.com
微信公众号　lijiangpress

印　　制　运河（唐山）印务有限公司
开　　本　787 mm × 1092 mm　1/32
印　　张　11
字　　数　195 千字
版　　次　2025 年 5 月第 1 版
印　　次　2025 年 5 月第 1 次印刷
书　　号　ISBN 978-7-5801-0327-7
定　　价　78.00 元